哲学社会科学明毅文库
·工商管理文丛·

双轨用工制度对员工绩效的影响
——基于江苏高校的实证研究

Research on the Effect of Double-track Employment on
the Employees' Job Performances:
Evidence from Colleges in Jiangsu Province, China

孔锦 著

哲学社会科学明毅文库
总序

中国经济在经历了改革开放30多年来以资源投入为主要驱动力的高速增长之后，科技创新将成为我国转变经济增长方式，提升国际竞争力的新增长极！科技创新将成为产业优化调整、产品转型升级、企业提质增效的灵魂！科技创新将成为塑造百年老店、企业基业长青的利器！创新的过程历久弥新，创新的故事层出不穷，创新的精神飞扬环宇。

高等院校是科技创新的源泉之一，中国广袤大地上正在进行的这场亘古未有的制度变迁，亦为广大哲学社会科学研究者提供了一个难得的科技创新的实验场。作为国家"2011计划"（高等学校创新能力提升计划）首批入选的14所高校的一员，本文库的主要作者群是此计划的直接参与者，他们长期以来坚持文理交融、协同创新开展研究，作品充分体现了原创性、时代性、交叉性和先进性的特色。

"哲学社会科学明毅文库"是经济管理出版社南京分社的开篇力作，此文库建设的宗旨是：紧随国家转型升级、提质增效改革的宏图大略，聚焦国内外哲学社会科学发展的前沿视角，贴近中国哲学社会科学发展的沃土地气，采纳文理学科先进的思辨技术工具，提供耳目一新的原创性哲学社会科学成果。

"哲学社会科学明毅文库"将根据所采集的作品情况，分门别类、动态地设立若干文丛，如科技创新文丛、管理科学与工程文丛、金融工程文丛、工商管理文丛等，文库首批已精选出20余部作品，分别编入科技创新文丛、管理科学与工程文丛、金融工程文丛、工商管理文丛中,后期还将精心推出更多的优秀作品以飨读者。

"哲学社会科学明毅文库"的作者群分布广泛,有享誉国内外的学术泰斗,有国家重大基金项目的首席科学家,有国家基金一般项目主持人的教授精英,有刚刚结束博士后及博士求学经历的崭露头角的青年才俊,还有第一线哲学社会科学管理领域的政府官员和企业家。各界精英名流荟萃,八方思想火花激荡,将使文库作品异彩纷呈,理论性、实践性、可读性及趣味性大大增强。

愿"哲学社会科学明毅文库"能汇聚正能量、集结精英群,为转型升级征途中的中国哲学社会科学实践探索添砖加瓦,为励精图治的中国哲学社会科学理论研究薪火传承,为披荆斩棘的中国哲学社会科学青年攀登者点亮明灯。

王冀宁教授　石岿然教授

经济管理出版社南京分社

2013 年 10 月

前 言

双轨用工制度是我国国有企事业单位普遍存在的现象。1978年以来，我国经济体制改革不断深化，我国事业单位和国有大中型企业的人事管理随之发生了重要的转变，呈现从计划行政化用人逐步到市场化用人的发展轨迹。1995年《劳动法》和2008年《劳动合同法》的正式实施，要求国有大中型企业实施全员劳动合同制，从法律上取消了国有企业正式员工和临时工等称谓和界限，但是在人力资源管理实践中，国有大中型企业的人力资源管理仍然存在计划体制和市场机制两种方式的员工管理。2011年事业单位才在全国施行聘用制度，采用"老人老办法，新人新办法"，"编制"问题仍然存在。一些社会现象说明，临时工由于工作的临时性质等原因，工作表现不如人意，甚至违法犯纪。社会生活中人们对临时工已经形成了某种刻板印象，出现问题经常让临时工来背"黑锅"。那么，双轨用工制度是否影响员工的个人工作表现？

国内学者的研究表明，双轨用工制度影响员工表现。王艳芝等（2007）的实证研究表明，相比于正式员工，非正式员工的工作安全感更低。阳毅等（2010）认为，相比于正式员工，非正式员工的工作满意度更低。一些经验分析的结论有：非正式员工离职率高（姚先国，1992）、非正式员工员工满意度和工作积极性低（陶厚永，2009）。这些研究似乎表明，非正式员工的工作表现确实与人们通常的认知一致，工作积极性不高，工作表现极有可能不如人意，随时准备离职。

20世纪80年代后西方文献大量研究了临时工的工作表现，但是与国内研究结论一边倒的情况不同，国外对于临时工工作表现的研究结论并不一致。以组织承诺为例：Klein Hesselink等（1998）采用荷兰的数据，发现临时员工的组织承诺比永久用工低（De Cuyper等，2007）。但Lapalme等（2009）的研究采用加拿大金融公司的数据，暗示临时员工的组织承诺（情感承诺）未必更低，他们可能因为高水平的组织支持而体验到内部人感知，从而产生高水平情感承诺。

我们看到，不同研究的结论很难达到一致，有时甚至出现矛盾的结果。出现这样的现象，可能因为不同国家和地区的规制影响、工作特征差异和个体特征差异，也可能因为组织的人力资源管理政策与实践不同，导致非标准雇佣员工心理感受的差异（Connelly等，2004；De Cuyper等，2007）。

中国转型期双轨用工制度对员工工作表现的影响到底如何，是否出现与国外研究不同的状况？本专著基于江苏高校的案例研究，对非营利组织普遍存在的"双轨制"（编制/非编制）用工制度如何影响员工工作表现进行了深入探讨。从我国的文化心理来看，双轨用工制度的影响可能受到身份意识的作用，也许会出现和国外研究不一样的情况。了解普遍存在的"双轨制"员工身份对工作行为的影响，为雇佣和使用不同类型员工提供理论依据。

本书分析非营利组织"双轨制"用工管理机制产生的历史缘起，分析该项用工制度对组织各种正向和负向的影响，深入探讨"双轨制"用工制度对非营利组织影响的过程，以及影响的条件，为研究非营利组织机制转型的路径提供根本方向。研究基于社会交换理论和身份理论，构建了"双轨制"员工身份影响工作表现的理论模型，在此基础上进行了实证检验。理论分析和实证研究得出了一些重要结论："双轨制"员工身份对工作态度和行为存在影响，具体来说，非正式员工相对于正式员工，经济交换关系更高，社会交换关系更低，组织公民行为更少；"双轨制"员工身份对工作行为的作用受其工作态度影响。具体来说，经济交换关系是员工身份和组织公民行为关系的部分中介，社会交换关系是员工身份和组织公民行为关系的部分中介，即身份通过员工和组织的交换关系影响员工的组织公民行为；主观身份意识强化"双轨制"员工身份对其工作表现的影响。具体来说，身份意识越高，非正式员工相比于正式员工，经济交换关系越强，组织公民行为越少。其理论价值主要体现在：

（1）"双轨制"员工身份对工作态度和行为影响研究得出的结论，深化了转型期我国"双轨制"用工在个体层面的研究，引导人们关注"双轨制"员工身份对个体工作表现的影响结果和过程。

（2）"双轨制"员工身份对工作态度和行为影响研究得出的结论，丰富了国际研究成果。国外相似研究即标准/非标准雇佣员工的研究结论分歧较大，有的结论甚至相互矛盾。本研究揭示了非正式员工的身份对个体工作表现的消极影响，运用社会交换理论对其进行合理的解释。

（3）对身份意识的研究拓展了国际理论研究的领域。身份意识作为社会文化心理的构念，首次运用于雇佣关系的研究，结果表明身份意识在"双轨制"员工身份影响工作表现方面具有调节作用，将引发人们探究社会文化心理与个体行为之间的关系，拓展员工组织关系的理论研究。

本书旨在帮助理解当下非营利组织用工管理的存在问题，帮助人们从本质上理解非营利组织"双轨制"用工制度变革的意义，为实施非营利组织用工管理的机制转型提供指导性方向，为解决非营利组织用工管理机制的转型问题提供决策参考。首先，非正式员工相对于正式员工，经济交换关系更高，社会交换关系更低，组织公民行为更少。在非正式员工使用越来越普及的今天，非正式员工的高经济交换、低社会交换的工作态度和较少的组织公民行为，对组织管理是不利的。该结论对组织管理者进行核心员工和其他类型员工分类管理具有指导意义。具体来说，组织与核心员工建立更为长期的雇佣关系，甚至是永久雇佣。其次，身份意识强化客观身份影响。这个结论对我国国有事业单位用工制度并轨实践带来启示。我国是身份意识非常强烈的国家，高身份意识会对"双轨制"员工的心理和行为带来更为深刻的影响。我国需要研究"双轨制"逐步合轨的合理性和可能性，逐步消除身份等级和特权带来的不利影响，使员工和组织关系过渡到完全由市场经济规律公平调节的阶段。

笔者所进行的研究收获还是初步的，研究过程和研究结论存在的不足之处，恳请广大读者和专家学者批评、指正。

孔 锦

2014 年 2 月

目 录

第一章　引论 / 1
　　第一节　主题概述 / 1
　　第二节　本书内容和结构 / 8
　　第三节　研究范式 / 10

第二章　用工制度的理论基础 / 13
　　第一节　雇佣关系概念 / 13
　　第二节　社会交换理论 / 14
　　第三节　身份理论 / 17

第三章　国有企事业单位的用工制度 / 23
　　第一节　过渡经济下的"双轨制"员工 / 24
　　第二节　市场经济下的"双轨制"员工 / 26

第四章　双轨用工制度的国际比较 / 31
　　第一节　"双轨制"员工与西方标准/非标准雇佣员工概念的
　　　　　　相似性 / 32
　　第二节　"双轨制"员工身份对工作表现影响的结果 / 37
　　第三节　"双轨制"员工身份对工作表现影响的条件和过程 / 44

第五章　双轨用工制度影响员工绩效的理论模型构建 / 53
　　第一节　基本构念界定 / 53
　　第二节　假设的提出 / 59

第六章　实证研究的问卷设计及小样本调查 / 71

　　第一节　问卷设计的原则和过程 / 71

　　第二节　变量的设计与测量 / 74

　　第三节　小样本测试与量表检验 / 80

第七章　实证研究的正式调查与假设检验 / 85

　　第一节　样本来源和描述性统计 / 85

　　第二节　多重共线性和同源方差检验 / 90

　　第三节　量表的信度和效度检验 / 93

　　第四节　假设检验 / 102

　　第五节　假设检验结果汇总和分析 / 112

第八章　结论与展望 / 117

　　第一节　研究结论 / 117

　　第二节　理论贡献和实践启示 / 124

　　第三节　研究局限与展望 / 127

附录：调查问卷 / 131

参考文献 / 135

后　记 / 155

第一章　引论

第一节　主题概述

我国国有企事业单位普遍存在"双轨制"员工的现象，如国有企业的正式员工和临时工，事业单位的有编制员工和无编制员工等。"双轨制"是我国转型期经济体制由计划经济向市场经济体制转变的过渡方式，是计划经济体制和市场经济体制并存的现象。我国国有企事业单位的人力资源管理方式同样存在计划轨和市场轨的双轨管理制度，既有国家编制内的员工，又有市场契约雇用的员工，因此"双轨制"员工大量并存于同一国有企事业单位。本书借用转型期的"双轨制"概念，将"双轨制"员工界定为同时存在于国有企事业组织中的"计划轨"和"市场轨"员工，计划轨员工是我国企事业单位沿用计划经济体制下用工方式配置的员工，而市场轨员工则是按照市场价值配置的员工。其中，事业单位的有编制员工以及国有企业的无固定合同员工是计划轨员工，事业单位的无编制人员和国有企业的固定合同员工、临时工和劳务工等是市场轨员工。

我国"双轨制"员工身份将长期存在,因此必须对其影响进行考虑。"双轨制"员工给企事业单位带来经营灵活性和成本降低的同时,也会给组织带来一系列负面影响。"双轨制"身份可能会对员工的工作态度、行为表现和工作稳定性等方面带来显著差异,进而对组织绩效产生负面影响,还可能影响社会公平与和谐。比如在社会期待的行为模式中,"市场轨"员工中的临时工被认为工作素质低,往往工作不称职,甚至导致违法犯罪。我国是讲究身份的国家,员工的身份意识普遍较高,这种文化心理对员工的行为无疑起着更为深刻的影响。研究"双轨制"身份,对员工工作表现的影响具有现实意义。

一、研究背景

(一)现实背景

我国"双轨制"员工普遍存在。我国国有经济从1978年以来经过多年的改革和制度创新,不断向能发挥自身优势的重要行业、领域和大企业集中,我国事业单位和国有大中型企业的人事管理随之发生重要的变化,记录了经济体制改革从计划行政化用人到市场化用人的发展轨迹。从中国劳动统计年鉴数字来看,国有单位的合同制员工数量庞大,所占人数的比例上升,加上临时工的数量,市场化用人的数量和比例进一步扩大。年鉴数据说明了"双轨制"员工大量存在的事实,并且呈现上升的趋势。①

国有大中型企业是我国经济体制改革的焦点和难点,经过多年的

---

① 国家统计局人口与就业统计司,劳动部综合计划与工资司.中国劳动统计年鉴(1994、1995、1998)[M].北京:中国统计出版社.

改革已经走出困境,成为具有较强竞争力的市场主体(张卓元,2008)。1995年的《劳动法》和2008年的《劳动合同法》的正式实施,要求国有大中型企业实施全员劳动合同制,劳动者与企业签订劳动合同,企业对劳动者进行合同管理,从法律上取消了国有企业的国家干部、正式员工和临时工等称谓和界限,但是在人力资源管理实践中,国有大中型企业的人力资源管理仍然存在计划体制和市场体制下两种方式的员工管理。经济观察报(2011)称,部分中央直属企业超过2/3的员工是劳务派遣。①

事业单位改革是继国有企业改革之后的又一重大改革,而人事制度改革是其中的重要内容。从1993年开始,事业单位的人事制度改革就拉开了序幕,当年的《政府工作报告》要求事业单位按照政事分开和社会原则进行改革。1995年12月,人事部明确提出建立和推行人事代理制度,标志着社会对人才的需求由统包统配向市场调节机制转变。2002年,国务院转发人事部的《关于在事业单位试行人员聘用制度的意见》,按照"老人老办法,新人新办法"的原则逐步推行聘用制改革,对新人执行聘用制,签订固定期限聘用合同,明确双方权利义务关系;同时改进传统的人事管理方式,提高用人效益。2003年,最高法院司法解释将事业单位发生的聘用制员工和组织的关系纳入到《劳动法》;2007年颁布的《劳动合同法》将事业单位和聘用制员工之间的工作关系包括进来。"十一五"期间,人事制度逐步深入,取得积极进展。截至目前,我国共有各类事业单位约130万家,约有4000万从业人员(人力资源和社会保障部事业单位人事管理司,2011)。

"双轨制"员工身份影响工作表现的社会印象。谈到"双轨制"身

---

① 经济观察报. 工资条例酝酿三年仍难产 工商联等部门反对 [OL]. http://finance.qq.com/a/20110820/001298.htm.

份对员工工作行为的影响，往往认为临时工素质较低，工作往往不称职或者令人不满意，事实上，临时工工作表现不尽如人意的例子层出不穷。《人民检察》(2008)的"疑案精解"栏目就讲述了一个很有代表性的案例。某省属高校校医院的一位临时工，自2005年开始负责办理并发放该校职工的"基本医疗保险专用卡"，但是办理完医保卡却未及时交付给职工本人，而是长期持有，然后多次采用从银行直接取款的方式非法占有卡内医疗保险金。2005年7月~2007年7月，该名员工陆续取走50余名职工的医疗保险金计1万余元（刘媛媛、李博，2008）。这样的行为不管最后的定性如何分歧，有一点却是肯定的，就是这位临时工的行为已经构成了违法犯罪。

现在社会上很多例子说明人们已经形成对临时工行为的刻板印象。四川在线（2012）有一则新闻，报道了2012年2月12日春节前，平顶山汝州市庙下镇派出所民警开着警车前往该镇各小学向学校老师推销鞭炮，并且要求学校每位老师都得购买。事发之后，庙下镇派出所称涉事"民警"为该派出所"临时工"，① 这个事件中涉及的民警也许确实是临时工，因为基层派出所甚至公安部门常因警力不足、经费紧张等缘故雇用临时工协助民警执法，称之为协警。该则新闻也对协警的这种行为作出了较有说服力的解释，因为协警作为临时工，从派出所获得的名义上的工资收入十分微薄，于是通过一些途径获取灰色收入补充，如查车罚款不开票，蹭吃蹭喝不花钱，甚至出现新闻开头的事件。但是新闻最后的说辞发人深省，原话是"一些部门违规违纪行为屡禁不绝，根源也在于此"。这句话的意思似乎是说，临时工的雇用和使用是一些违规违纪行为的根源，这句话实际上暴露了人们对临时

---

① 四川在线.协警也是警，临时工也是工 [OL]. http://wenku.baidu.com/view/783a1c3731126edb6f1a1032.html.

工的认知常识，即临时工由于收入低和工作的临时性质，在工作中的表现一定不尽如人意，出现违规违纪等行为不足为奇。临时工也因此被称为"二等公民"和"飞鸽牌"（佟景宸，1996；徐庆仁，1998）。

但是，社会生活中也时有一些事例说明，临时工的工作表现也可以很好。一个典型的例子发生在江苏省镇江市。人民网（2011）报道说，该市环卫工人徐深海是名临时工，20多年来一直默默无闻地工作在环卫第一线，他牺牲了无数个休息日，清洁了镇江城市。2010年4月，他获得"全国劳动模范"称号。①

（二）理论背景

临时工的工作表现和正式工相比到底如何？见诸学术期刊的理论研究对此也表现出较大兴趣。国内学者的已有实证研究表明，"双轨制"身份影响员工表现，如相比于正式员工，非正式员工的工作安全感更低（王艳芝等，2007），工作满意度更低（阳毅等，2010）。此外，一些经验分析的结论有：非正式员工离职率高（姚先国，1992）；非正式身份影响员工满意度和工作积极性（陶厚永，2009）。这些研究似乎表明，非正式员工的工作表现确实与人们通常的认知一致，工作干劲小，极有可能不尽如人意，翅膀硬了随时准备展翅高飞。

但是，与国内研究结论一边倒的情况不同，国外对于临时工工作表现的研究结论并不一致。以相关忠诚度的变量组织承诺研究为例，Klein Hesselink 等（1998）发现，临时员工的组织承诺比永久用工低（De Cuyper 等，2007）；但 Lapalme 等（2009）的研究暗示，临时员工的组织承诺（情感承诺）未必更低，他们可能因为高水平的组织支持而体验到内部人感知，从而产生高水平情感承诺。再以组织公民行为

---

① 人民网. 全国劳模淘粪20年仍是临时工 获正式编制难度大 [OL]. http://news.cntv.cn/20110129/100291.shtml.

的研究来说，Chambel 和 Castanheira（2006）研究检验了临时员工和核心员工对员工行为的影响，结论表明正式合约和临时契约下员工的组织公民行为没有区别。Pearce（1993）对航空产业的承包员工进行的研究中发现了临时工比永久工的组织公民行为更多。Ang 和 Slaughter（2001）研究则发现临时工比永久工表现出更低的组织公民行为。国外对临时工和正式工研究很难定论，因而一些学者甚至认为雇佣身份不能对员工行为带来影响（Lapalme 等，2009）。

中国转型期"双轨制"身份对员工行为的影响到底如何，是否出现与国外研究不同的状况？从我国的文化心理来看，我国是非常重视身份的国家。此处身份（Status）是指人的出身、地位和资格，包含特定的权利和义务，是封建社会的等级标志（Marshall，1963）。如我国封建社会伦理道德中的君臣、父子等，是用来维持社会秩序的身份关系，这些身份差异不能忽视和逾越，否则会招致严重后果，不仅受到道德谴责，甚至会导致杀身之祸。"双轨制"身份对行为的影响大小应该受到身份意识的作用，可能会出现和国外研究不一样的情况。

二、问题提出

"双轨制"身份简单地说是由于计划和市场两种不同配置方式导致的员工权利和义务的差异，以及在员工心理上的反应差异。我国经济体制从计划经济向市场经济转型，组织雇用员工的方式也随着发生转变。计划经济机制下，国家代替组织雇用和管理员工，以"统包统分"等指令性计划雇用和使用员工，国家为其提供工作报酬和终身的福利保障，使其享受国家给予的制度性特权，员工被称为国家职工，这种方式雇用的员工即为计划轨员工，组织和员工关系本质上是身份关系。市场轨员工是组织以市场为调节方式，根据企业在市场竞争中对人力资源的需求来雇用和使用员工，并且按照市场定价支付员工报酬，组织和员工的关系本质上是契约关系。因此，我国国有企事业单位的雇佣方式转变，本质上是职工身份的改革，是由身份管理改革为合同管理和岗位管理（人力资源和社会保障部事业单位人事管理司，2011；陈清泰，1995）。

转型期我国企事业单位"双轨制"身份影响员工的工作表现的研究问题，既是企事业单位关心的问题，也是国家经济体制深化改革过程中必须关注的问题。因为研究员工层面的工作态度和行为见微知著，更能深刻揭示人事管理的"双轨制"带来的影响，为我国转型期企业的员工管理提供建议，为企事业单位的人事管理改革方向提供理论支持。本书问题包括三类：①"双轨制"员工身份对个体的工作表现有什么影响；②"双轨制"员工身份差异影响员工表现的过程是什么；③身份意识在"双轨制"员工身份和工作表现之间关系的影响是什么。

人们发现，"双轨制"雇佣形式的广泛使用，在给企业带来成本下降和管理弹性的同时，随之而来有很多负面结果，如正式员工和非正式员工之间的矛盾和对立；非标准雇佣员工的过高流动率干扰了企业的正常经营与管理；非标准雇佣员工的不满态度和行为通过产品和服务质量反映出来，损害了企业的市场形象，给企业的生存和发展带来不利影响。人们迫切希望了解"双轨制"雇佣对员工工作态度和行为的影响，采取相应的人力资源实践对其进行改善。而目前国内相关的研究较为滞后，国际上对非标准雇佣和标准雇佣对比研究的研究成果较为丰富。但是国际上的研究，除了对非标准雇佣的界定和异质性研究有较为统一的看法外，在非标准雇佣和标准雇佣员工的工作态度和行为的影响方面分歧较大，甚至有的结论相互矛盾。我国"双轨制"雇用员工的工作态度和行为的研究，将检验国际研究的相关成果。此外，我国是一个身份意识非常强烈的国家，由雇佣形式带来的身份差异，可能给"双轨制"员工的心理带来更为深刻的影响，从而极大影响员工的工作态度和行为。因此，对我国"双轨制"员工的身份差异及其影响的研究，将拓展和深化国际理论研究的领域。

第二节 本书内容和结构

一、本书内容

本书对我国企事业单位"双轨制"身份员工的工作表现进行调查，研究员工身份差异对绩效的影响关系和影响机制，为组织人力资源管理提供决策支撑。

本书依据组织研究中的身份概念、社会交换理论的研究成果，从员工个体层次，对用工"双轨制"带来的员工身份差异和个体绩效差异进行分析，研究员工身份差异和个体绩效之间的关系，研究员工身份影响个体绩效的机制。本书以员工—组织交换关系为中介，以及员工个体身份意识为调节，深入研究员工身份影响个体绩效的过程。本书要解决以下两个关键问题：①"双轨制"员工的员工—组织身份以及身份意识如何界定；②"双轨制"员工的身份差异是否影响以及如何影响员工绩效。

用工"双轨制"下员工分为正式员工和非正式员工两类，本书首先比较正式员工相对于非正式员工的经济交换关系、社会交换关系、组织公民行为和角色内行为，以便深入探讨身份影响员工工作态度和行为的机制。如果不同身份的员工工作态度和行为是差异的，那么深入探讨影响员工绩效的中介及调节作用非常有意义。

"双轨制"员工中，正式员工为计划内编制，雇佣关系为长期雇佣；非正式员工为合同内契约雇佣关系。在长期雇佣关系中，员工与组织建立其持续稳定的社会和情感交换，经济交换关系在长期雇佣中被弱化，有时候，暂时的低经济报酬可以被员工接受；而短期雇佣中，员工没有动力和组织建立长期持续的社会和情感交换，员工组织关系建立在经济交换基础之上，员工容忍低报酬的程度较低。因此本书理论分析认为，正式员工相对于非正式员工，经济交换关系弱，社会交换关系强，组织公民行为高，角色内行为无差异。员工的社会交换关系和经济交换关系会导致组织公民行为的差异。

员工的身份意识调节客观身份对员工工作态度和行为的影响。当员工身份意识强烈时，会强化员工组织交换关系差异对绩效的影响（即高身份意识的员工），正式员工相对于非正式员工，经济交换关系更弱，社会交换关系更高，组织公民行为更强。

二、本书结构

本书按照八个章节进行安排，各部分主要内容如下：

第一章 引论，首先提出本书的研究问题，即"双轨制"身份如何界定、身份是否影响员工的工作表现以及如何影响工作表现。其次本章阐述了问题提出的背景，最后分析本书的理论和实践意义。

第二章 用工制度的理论基础，整理和评价现有相关研究。这些研究包括"双轨制"身份概念和身份制度研究、国内外"双轨制"员工工作表现差异研究以及"双轨制"身份影响行为原因的研究。这些资料的整理和评价为本书理论分析和实证设计提出坚实的基础。

第三~五章 理论模型构建，在相关理论依据的基础上，进行理论模型的构建。首先对研究的基本构念进行界定，界定了"双轨制"身份、经济与社会交换感知、身份意识和员工的工作行为等构念，并提出"双轨制"身份对工作表现的影响和影响原因的三大类共九个假设。

第六章 问卷设计及小样本调查，在问卷设计原理的指导下，选择和设计了身份意识、经济交换和社会交换感知、角色内行为和援助行为等量表，通过小样本测试对上述量表进行了信效度的检验，确定正式调查问卷。

第七章 正式调查与假设检验，对正式调查收集的数据进行分析，对相关假设进行实证检验。首先对数据进行描述性统计和验证性因子分析，然后检验本书所提出的九个假设是否通过样本检测。

第八章 结论与展望，总结本书研究结果并提出未来研究建议。本章总结"双轨制"身份对员工工作表现的影响和原因的相关结论，分析研究的理论意义和实践启示，并提出本书局限和未来研究的展望。

第三节 研究范式

本书综合运用理论演绎、深度访谈、问卷调查等手段和方法。以身份概念和员工—组织交换关系为视角，从员工个体心理和行为角度，运用理论演绎与归纳方法，研究"双轨制"员工的身份差异以及对员工心理和行为的影响。本书将运用深度访谈和问卷调查等方法，辅之于统计与计量模型分析进行研究和论证。

本书根据身份概念和社会交换理论，从员工个体层次分析企业"双轨制"员工的身份差异和员工绩效的关系，并演绎出模型框架中各要素之间的关系，进而进行论证，以检验其科学性和适用的广泛性，如图 1-1 所示。

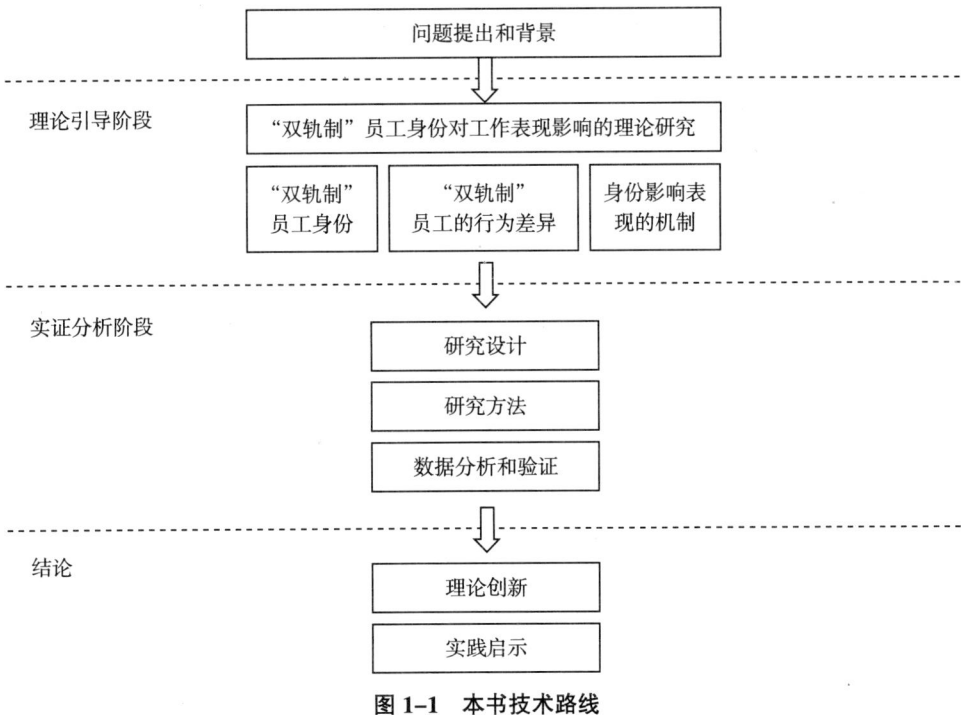

图 1-1 本书技术路线

第二章 用工制度的理论基础

第一节 雇佣关系概念

雇佣关系（Employment Relations）原意是指员工在工作场所由于配置形成的关系。约翰·班森、朱迎（2000）认为，雇佣关系是指工作的组织结构以及雇员与主要的技术和生产发展过程之间的关系。从本质上讲，雇佣关系是劳动力的买卖而导致的经济关系，也是买卖双方权利与义务交换的法律关系，其特征是平等与自由。这种特征是社会发展过程中的普遍原则，不因为社会制度的更替而变化。雇佣劳动的历史说明其产生是社会分工的客观需要（赵入坤，2007）。

随着经济和技术领域的快速发展，组织中的工作理念和工作形式发生了巨大的改变，终身雇佣、家长式关怀和员工忠诚等因素正在淡出社会的主流雇佣观，自我雇佣、临时雇佣和人事外包等非正规雇佣形式逐渐成为社会的热点，而就业能力成为新型雇佣关系核心内涵（郭志刚，2007）。从组织管理角度看，建立新型雇佣关系重点在于调整员工与组织的交换关系。随着经济和社会发展，这种交换关系更加强调员工与组织的共生共荣，即员工的能力和职业发展，以及组织核心竞争力的形成。

第二节 社会交换理论

有很多文献为理解员工组织关系提供了关键的原则，其中 Blau（1964）、Gouldner（1960）和 Lynn（2009）等学者的社会交换理论贡献最大。Blau（1964）界定了一种社会交换关系，包括没有指明的义务，而且回报也不是谈判获得，但是组织必须仔细考虑。

社会交换和经济交换可以从以下方面进行区分：交换的资源、义务的强度和种类、回馈与关系的性质。在经济交换中，交换资源是经济类和物质类的，相关的义务是指明的，而且双方都肯定彼此能够履行他们的义务，遵照经济交换的社会规则进行，如一天工资需干一天活等；谈判而定的协议或者是正式的合同，同时也商定了关系的期限（Blau，1964）。简单地说，经济交换反映了可见资源的交换，交换在一个有限期限或者不连续的交易中进行。经济交换的执行对员工组织关系的延续非常重要，比如：如果员工没有得到应有的工资，他们就可能断绝关系。社会交换关系是长期的，是对可见和不可见资源的交换，还有信任、承诺和心理依恋（Emerson，1981）。在包含社会交换的关系中，双方的利益交换不是通过谈判（Molm，2003），这样，回报的性质和时间选择就是未指明的（Blau，1964）。社会交换的双方对另一方进行投资，都知道这种投资存在得不到回报的风险，因此需要信任对方一定会进行回馈，这样双方的利益交换才能一直延续下去（Blau，1964；Cotterell、Eisenberger 和 Speicher，1992；Eisenberger、Cotterell 和 Marvel，1987）。这需要长期定向，因为交易是持续的，而且需要时间来证明关系中的投资是否能够获取有利的回报。

经济交换和社会交换都包括经济资源的交换，但是社会交换还包括社会情感资源（Shore、Tetrick、Lynch 和 Barksdale，2006），表明关系中有更为广泛的投资。这个广泛的投资和由此产生的信任有利于双方进行未指明资源的交换。对于建立社会交换，Blau（1964）认为重要的是赠与者要相信接受者会履行义务，但是对于建立信任，接受者不应该匆忙回馈。Gouldner（1960）从另一个方面即关注投资的价值，认为其非常重要，能够建立回馈的义务，并且随着时间的流逝，当双方回馈所接受的有价值资源的时候，社会交换就发展起来了。

应用于员工组织关系中的社会交换理论，关注个体与组织、管理人员的关系（Eisenberger、Huntington、Hutchison 和 Sowa，1986；Rousseau，1989；Shore 等，2006）。这种关系受到一些因素的影响，如权力距离和个人观点的采纳选择和回报谨慎等因素影响，权力距离低，组织支持和员工表现的关系越强（Farh 等，2007）。类似地，印度工程师样本验证了个人观点的采纳选择和回报谨慎调节了程序公平和 OCB 角色界定之间的关系（Kamdar 等，2006）。Shore 等（2009）采用韩国雇员的样本，发现回报谨慎调节了社会交换与承诺、离职倾向和信任之间的关系，也调节了经济交换和离职倾向之间的关系。

社会交换理论的研究模型大致分为内容模型和过程模型。内容模型包括心理契约和组织支持感等；过程模型包括社会交换和经济交换与回馈等。内容模型关注交换资源的数量和种类；过程模型关注交换的质量，比如，交换关系中的相互信任程度，当然资源和关系是不能截然分开的，交换资源的价值越大，包括可见的和不可见的，那么关系的质量就越高。大部分实证研究关注员工和雇主之间交换的内容，即资源。比如，组织履行承诺和公民行为正相关（Zhao、Wayne、Glibkowski 和 Bravo，2007），则组织支持和情感承诺、绩效正相关，与退缩行为负相关（Rhoades 和 Eisenberger，2002）。双向投资的雇佣关系和高承诺、低离职倾向和高工作绩效、OCB 相关（Hom 等，2009；Song 等，2009）。

由于交换关系比交换的资源更加复杂，一些研究开始关注交换过程。交换过程研究社会交换和经济交换、回馈以及双方如何通过提供资源的质量和特点建立交换关系。交换过程是持续的和相互依赖的交换（Shore 等，2006），关注期限、质量、信任、投资、回馈等。其中，回馈是解释组织支持和员工表现的内在的原理（Gouldner，1960；Shore 等，2009），通过回馈建立信任和平衡的关系。过程模型在 EOR 研究中是最近发展的，其中有很多的问题需要处理。Zhang、Wan、Jia 和 Gu（2009）通过验证公共—私人和作者之间的非正式合同扩展了回馈研究，他们发现最初的纽带和共享的价值与合作正相关，中介是合同关系。该研究关注关系的作用（反映在最初的关系质量中）。Loi、Mao、Ngo（2009）发现，社会交换和经济交换过程中介了 LMX 和情感承诺、离职倾向之间的关系，社会交换可以改善员工表现，而经济交换却贬损了员工表现。

Blau（1964）认为社会交换理论，更具体地说是回馈原则，是一个普遍的现象，广泛用于解释人际互动行为过程，包括回馈行为、组织之间互动、谈判中的让步和个体组织关系的性质等。已经证实了关系发展的普遍性是一个核心的理论观点，但是不同文化价值倾向，尤其是看待与别人关系的观点对社会交换理论的应用有很大的影响。Brewer 和 Chen（2007），Hofstede（1980、1991），Triandis（1995）认为，中国文化包括长期关系、集体主义和人际关系等，而社会交换非常适合解释中国关系的建立和保持。而西方更重视不太长期和更加个人化的文化,比如,荷兰文化,他们更多关注短期交易和精确的计算,决定公平感和工作满意度(De Jong 等,2009)。

第三节 身份理论

一、身份概念

身份是一个古老的概念,从词源上是指人的出身、地位或者资格。西方词汇中 Status 等词汇意义与之接近。西方身份(Status)是社会学研究中社会分层的重要概念。C.K.Allen 把身份界定为"归属于特定阶级的条件,法律赋予这个阶级的人们特殊的法律能力和限制"(陈潭,2007)。在这个法律概念之上,社会学家进行了延伸,将法律规定的能力和限制延伸出社会性认可的权利和义务,延伸出特定关系中的社会性期待行为(T.H.Marshall,1963)。英国著名社会学家马歇尔(T.H. Marshall)认为,在封建社会,身份是等级标志,在权利和义务方面都是不平等的。现代社会的某些身份仍然有等级差异,在权利和义务方面存在不平等,如阶级(Class)导致的社会分层。与身份相对应的概念是契约(Contract),现代契约本质上是双方在身份上(不一定在能力上)自由而且平等主体之间的协议。梅因(Maine)有一个著名的论断,"迄今为止,进步社会的运动是一个从身份到契约的运动"(梅因,1984)。我国对身份的理解与西方身份在内涵上基本一致,认为身份已经不仅仅是地位、资格和条件，还包括法律赋予和社会认可的权利与义务，其中有成文也有不成文的规范，对于不同身份的成员有既定的社会性期待行为。不过，在概念的外延上，我国的身份概念似乎更加泛化，身份已经成为我国社会文化规则的组成部分，泛化在社会生活的各个方面（郭玉锦，2002）。如对于国有企业员工的身份，国内学者从国家一系列的政策规定中归纳了有关身份的社会性期待行为清单，其中包括享受固定工作、稳定薪酬、优厚福利和社会保障、免费子女教育等，甚至社会交往、未来发展、家属和子女的就业都期望在企业内部实现（周翼虎、杨晓明，1999）。由此可见，我国对于"双轨制"员工身份的理解已经不仅仅限于工作场所，而是广泛深入到日常生活的各个方面。

身份是一种社会文化层面的概念，因此我国的身份研究需要在理解中国传统礼制的基础上进行（郭玉锦，2002）。社会学家费孝通（1998）认为，传统中国的社会是乡土中国，社会秩序靠传统礼制维持，"礼"是社会公认合式的行为规范，通过教化使人服从，而整个社会都在维持这种传统。如果西方是自恋的文化，那么中国是自制的文化，后者是克制自己适应外部环境，而前者是激发自我控制外部环境（杨国枢、陆洛，2009）。中国文化强调社会成员了解自己的身份，遵守身份所在的伦理关系和规范，最终达到理想自我的境界。一般中国人强调对长辈的尊重和服从，强调对自我的克制，而对于个人权利的争取不太感兴趣，身份导致的传统权利受人尊重并为人接受。因此，中国人文化心理层面上，身份的等级差异和权利差异现实的接受程度是非常稳定的，有时超过了对法律的尊重。有学者将我国身份制度的显著特点归纳为等级、特权、依附和超越法规四个特点。等级特点描述了人与人之间的关系由身份规则确定高低贵贱的阶序格局，人与人交往都有较强的阶序意识；特权特点说明，身份制下人们的社会声望和物质待遇取决于身份的特点,不同身份会给人们带来不同的声望和财富;依附特点表明,人们在工作生活中形成的身份关系,这是一种有高低贵贱差异的人身依附关系,而不是平等的契约关系;超越法规的特点揭示了身份规则在社会文化规则中的广泛性和深刻性,人们对身份带来的权利和义务差异的认可有时候超过了对法律规定的遵守。

(1)帮助识别身份的因素。英国社会学家马歇尔(T.H.Marshall)(1963)认为,社会身份(Social Status)在进行比较中,不仅应该关注客观事实,如权利、财富和教育等,而且要关注行为互动过程中表现出来的相互态度,这些相关因素称为社会身份的证据、指标和象征。如果首要因素是财富的话,那么第二种因素是控制财富分配的力量,而第三种因素是心理层面的态度和价值。马歇尔在分析英国特有的绅士身份的决定因素时,采用了这三种因素进行分析,清晰呈现了绅士身份的表现。他认为,绅士身份的获得,最明显和必需的是出身和文化,同时必须通过教育来加强。此外,他还认为,绅士必须有足够的钱来维持相应的生活方式。这段分析中,出身和文化决定社会地位,获得特定教育的权利,形成有教养的举止和外貌,三个层面的因素在绅士身份形成过程中具有不同的作用。

(2)身份权利的表现,西方社会对此有深入的研究。马歇尔描述公民的身份权利时,把权利细化为公民权利、政治权利和社会权利,其中,公民权利是个人自由所必需的权利,比如,人身自由、言论、思想自由、订立契约和司法权力;政治权利是指选举权和参与行使政治权力的权利;社会权利是教育体制和社会服务的权利。这种划分并不固定,很多学者没有完全遵循马歇尔的轨迹,比如,有国外学者在政治权利的标题下包括了公民权利的许多因素(结社自由和言论自由),还有国外学者认为政治权利和社会权利之间不存在非常明确的区分(Anthony M.Rees,1996)。我国社会成员身份研究中,学者郭玉锦

(2002）注意到客观身份和主观身份意识的差异，并通过实证研究的方法测量了我国国有企业职工身份意识。该身份意识是泛化的概念，包含了多种关系的身份意识。通过分析周翼虎、杨晓明等列出的国有企业员工身份的待遇清单，可以看到身份中包含了物化资源和权利两部分，其中权利有社会权利部分，即获得生存资源、福利和教育的权利；此外还有隐含的政治权利部分，比如，我国国有企业员工与企业签订合同之时即成为工会会员，拥有选举和被选举的政治权利。

二、身份意识概念

很多社会学者都从身份意识的角度阐述身份问题（钱超英，2000；刘俐俐，2002）。身份意识是一种自我对身份的认可和确定，是身份在心理层面上的体现。本书的身份意识有别于对身份的认同。按照 Albert、Ashforth 和 Dutton（2000）的观点，认同表明个体在相关身份中的嵌入程度。Tajfel 提出的社会认同理论分别界定了社会认同和个人认同。社会认同的定义表述为："个体认识到他属于特定的社会群体，同时也认识到作为群体成员带给他的情感和价值意义"；个人认同的定义表述为："一个人对自我的独特认知"（Postmes 和 Jetten，2006），包括特征、能力和兴趣在内的众多特质的集合。从以上对认同的界定中可以得出结论，认同侧重于对个体和相关对象的关系描述，关注从关系的不同角度了解个体和某种身份的同一情况。

身份意识在本书中侧重展现身份制度在心理层面的反映，是个人所持有的一种特殊的心理结构，并从个体或者其他层次角度了解人对这些心理成果的认同程度。在体现形式上，遵循心理结构的成分，身份意识从知情意三个角度体现以身份观念为重的内涵。知情意成分即认知、情感和意向成分，三种成分相互关联，其中，认知成分是心理结构的核心成分；情感成分对心理结构有直观的影响；意向成分是最接近行为的心理因素。因此身份意识将从认知成分、情感成分和意向成分三个角度来表达个体对身份观念的认可和重视程度（郭玉锦，2002）。

　　身份意识的研究与社会文化环境关系紧密。也就是说，不同文化环境中的身份意识，概念内涵可能差异极大。身份意识是中国人对身份生活经验总结的心理成果，它总结了有关上下级、亲属、同事和朋友关系的知识，以及所在组织运作原则的基本体验。身份意识也是对现实和未来组织生活理解和实施的基本依据，它所包含的知识和体验内化为人的心理成分，对于个人处理组织中各种人际关系以及诠释和构建新的组织生活经验，提供了稳定的心理基础。中国人的身份意识受到中国传统礼教的影响，在组织中不仅包含上下级的差异，还有对名号的追求和对阶序的重视等。郭玉锦（2002）对中国人身份意识进行了剖析，将中国人身份意识突出表现的几种形式进行了描述，即追求名号、重视等级和阶序、划分人与人之间的亲疏距离以及将人品定位等。追求名号，是指人们一生以追求功名为上，其中名号作为社会标识以区别他人，如君臣、父子、职务和职称等级等。名号给予社会交往以秩序而使之不混乱，但是由于一般附上生存资源和权利多寡的特征，使得人们认为名正言顺事成，一生以追求功名为上；重视等级和阶序，即人们重视上下纵向位置中的等级和阶序差异，人们按照等级和阶序分配权力和敬重服从的程度，普遍都有追求高等级和高阶序的动力；划分人与人之间的亲疏距离，就是将人与人之间的横向距离进行亲疏远近的排列，对不同身份的人表现出不同的亲近态度，办事力度也会不同；划分人际距离使得人际信任成本得以控制，亲近的人际交往的信任成本低，但是行为规则可能超越其他社会规则，甚至高于法律，可能使得组织目标受损；将人品定位，指的是将人的品质进行定位，如君子、小人，或者好人、坏人等。社会教化人们去做君子，与君子相处，但同时认为小人不可得罪，往往使得人们存在两难选择——做君子还是小人。

一些研究认为，身份意识是以个体心理为基础的群体意识，以身份为重的认知情感和行为倾向，内化于个体人格结构，体现在个体的心理和行为过程。当群体中的个体身份意识体现出一致性和相似性的时候，个体身份意识便成为群体心理的体现。在意念测量中，身份意识通过个人的心理结构体现出来，但是很多选项都反映了群体意识，如"一般来说，一个人看到他的领导或一般同事，在打招呼时的态度是不一样的"，"在我周围的人里，人们都有巴结领导的行为倾向"，"人们通常认为当一个处长比当一个大学教师要好多了"。因此，身份意识的概念在具体环境下，到底是群体层次的身份意识，还是个体层次的身份意识，在不同的研究情景下需要加以区别。选择身份意识而不是自愿性来进一步分析雇佣方式对工作态度和行为的影响，是因为在我国目前劳动力市场供过于求的状况下，劳动者很少会自愿选择临时工（Van Dyne 等，1998）。

第三章　国有企事业单位的用工制度

"双轨制"身份的大量出现与我国经济体制演变的过程紧密关联。自1949年中华人民共和国成立以来，我国的经济体制经历了从计划经济体制到市场经济体制的演变历程。与此同时，国有企事业单位的员工身份也发生了相应变化，从以"计划轨"身份为主，到"计划轨"身份与"市场轨"身份并存，目前普遍存在"双轨制"身份的员工。

中国劳动统计年鉴的数据表明我国"双轨制"员工普遍存在。由于1999年后中国劳动统计年鉴的数据不再有合同制员工的情况，我们暂时观察1993~1997年的数据，可以发现我国国有单位在经济体制变革的过程中，市场化用工比例在逐年增加，截至1997年，合同制和临时员工已经占到国有单位员工的一大半。而据陈剩勇等学者（2012）的推算，由于临时工和劳务工逐年增加，目前"市场轨"员工所占比例更大。[①] 在"计划轨"员工没有退出历史舞台之前，"双轨制"员工将普遍存在，如表3-1所示。

---

① 陈剩勇，曾秋荷.国有企业"双轨制"用工制度改革：目标与策略[J].学术界，2012（1）：5-25.

双轨用工制度对员工绩效的影响

表 3-1 国有单位"市场轨"员工数量比例

项目 年度	合同制员工（人）	临时职工（人）	合同制员工/职工总数（%）	（合同制+临时）/职工总数（%）
1993	23964100	6127500	21.9	27.5
1994	28510000	5432700	26.2	31.2
1997	55572000	4746000	51.6	56

注：合同制职工：通过签订有固定期限劳动合同、无固定期限劳动合同或以完成一项工作为期限劳动合同来使用的职工；临时职工：用工期限不超过一年的职工，包括各单位根据国家有关规定招用的，签订一年以内的劳动合同或使用期限不超过一年的临时性、季节性用工。

资料来源：国家统计局人口与就业统计司，劳动部综合计划与工资司.中国劳动统计年鉴（1994、1995、1998）[M].北京：中国统计出版社.

第一节 过渡经济下的"双轨制"员工

过渡经济指的是 1978~1992 年，我国的经济体制同时存在计划和市场两种经济调节手段的过渡性经济。国有企业单位开始逐步从计划用工到市场化用工转变，组织成为市场独立的竞争主体，雇用员工方式中"双轨制"员工并存，既有国家编制内的计划轨员工，又有市场契约雇佣的市场轨员工，两者在同一组织中并存。我国过渡经济和市场经济体制中，"双轨制"员工大量存在。

在转换企业经营机制的改革过程中，改革国有企业内部的劳动用工制度是一项重要内容。这一时期，随着企业经营机制改革的不断深入，企业劳动用工制度改革也随之从传统的计划经济用工模式向市场经济用工模式转变，呈现出制度转轨的特征。

1986年4月，国务院发出《关于认真执行改革劳动制度几个规定的通知》，而后又陆续颁布了《国营企业实行劳动合同制暂行规定》、《国营企业辞退职工暂行规定》、《国营企业职工待业保险暂行规定》、

《国营企业招用工人暂行规定》等有关就业制度的改革方案,规定自1986年10月起,国营企业在招用职工时,统一实行劳动合同制,以书面形式明确双方的责任、义务及权利;规定宣告破产的企业的职工,企业终止、解除劳动合同的工人,企业辞退的职工可以享受待业保险;同时规定要求今后企业招工必须在国家劳动工资计划指标之内,贯彻招工先培训后就业的原则,坚持面向社会、公开招收、全面考核、择优录用的原则外,对传统的"子女顶替"制度作出原则性废止规定。

虽然《国营企业实行劳动合同制暂行规定》明确只在新招收的工人中实行劳动合同制,原有职工仍维持原来固定工制度不变,由此在企业内部形成了内部"双轨制"的用工模式。经过改革,劳动合同制在国有企业中逐渐发展起来,从而迈出了国有企业劳动用工制度改革的重要一步。截至1987年底,全国劳动合同制职工发展到873万人,比1986年增加249万人;截至1958年底,全民所有制单位实行劳动合同制员工已达992万人,占职工总数的7.2%。与此同时,一批大中城市相继成立了劳务市场,促进了各种专业人才和不同类型劳动力的合理流动。内部"双轨制"用工模式主要是以职工增量管理为主,在不打破原有计划经济体制用工制度的前提下,对新员工采取市场化方式,并未触及计划经济体制的深层次问题,仍属于一种帕累托改进活动。

劳动合同制的实施改变了国有企业传统的"全员固定工"制度,在一定程度上促进了企业经营机制的转换工作。但由于内部"双轨制"用工模式将"身份管理"作为劳动用工管理的主要方式,使得固定工与合同工在待遇、岗位、保障等方面均存在明显差别,产生了用工机制的摩擦与冲突。

为配合国有企业转换经营机制工作,深化用工制度改革,国家在前期劳动合同制度试点的基础上,着手推行全员劳动合同制工作。

1992年2月，劳动部发出《关于扩大试行全员劳动合同制的通知》，明确扩大全员劳动合同制的地区、企业范围、社会保险待遇等内容，规定试点企业职工的社会保险待遇本着逐步打破固定职工和劳动合同制职工身份界限的原则进行改革；同时对企业富余人员按照"企业内部消化为主、社会调剂为辅"的原则进行安置。1992年7月，国务院颁布《全民所有制工业企业转换经营机制条例》，规定企业拥有包括企业用工自主权在内的14项自主权。1993年2月，劳动部在《关于实施〈全民所有制工业企业转换经营机制条例〉的意见》中对企业用工自主权提出10项可操作性规定。1993年11月，劳动部出台《关于建立社会主义市场经济体制时期劳动体制改革总体设想》，提出全面推行劳动合同制的具体目标，明确要在"九五"期间初步建立与社会主义市场经济相适应的劳动用工制度，在全国各类企业全部职工中实行劳动合同制度。

经过以上措施的实施，国有企业原有固定工制度改革工作取得了突破性进展。据统计，截至1994年底，全国国有经济单位签订劳动合同的职工共计2853万人，占职工总数的26.2%，较1992年底上升了7.3%。

第二节　市场经济下的"双轨制"员工

一、国有企业的"双轨制"员工

我国社会经济的发展客观上要求国有企业必须建立起市场导向的

劳动用工机制，1994年7月，全国人大常委会通过《中华人民共和国劳动法》；1994年8月，劳动部印发《关于全面实行劳动合同制的通知》，通知提出在各地区、各行业全面开展推行劳动合同制的工作。劳动合同制的全面推行，一方面打破了企业传统的干部和工人界限；另一方面明确提出了市场化用工模式是企业劳动用工制度改革中的重点，明确国有企业与劳动者在用工模式中的平等主体地位。这一时期是我国国有企业改革深入与发展的关键阶段。随着改革的深入发展，劳动关系内部的地位差别逐渐拉大，经营者地位不断提高，而企业劳动者的地位则有所下降，国有企业劳动关系运行机制已逐渐转向市场调控为主，劳动关系双方——企业与员工的利益主体地位逐渐明晰。国有企业劳动关系的确立也由行政手段向契约手段转变，劳动关系的管理也逐步纳入法制化轨道。

由此，经过20余年国有企业的改革与发展，伴随着国有企业下岗职工生活保障与社会失业保险制度成功并轨，国有企业作为劳动力市场的劳动力需求主体之一，劳动者作为劳动力供给主体的地位在理论和法律上已基本确立；国有企业用工自主权与劳动者自主择业的双向选择机制初步形成，并日益在社会经济生活中发挥重要作用。

二、事业单位的"双轨制"员工

事业单位"双轨制"员工的出现与事业单位人事改革密切相关。事业单位改革是继党政机关和国有企业改革之后的又一次重大改革，事业单位的人事制度改革是其中的重要内容，也是干部人事制度改革的重要组成部分。1992年党的十四大提出，逐步建立和健全分类管理的人事制度。从此，事业单位人事制度改革试点启动，编制外的员工逐步增加。"十一五"期间，随着聘用制的全面推行和公开招聘的正式开展，以及岗位管理的逐步实施，人事改革逐渐提速。2007年10月15日党的十七大报告、2008年2月27日十七届二中全会通过《关于深化行政管理体制改革的决定》，明确提出分类推进事业单位的人事制度改革。"十一五"计划期间，事业单位人事制度改革工作不断深化，以转换用人机制和搞活用人制度为重点，开始大力推行聘用制度和岗位管理制度，促进事业单位由固定用人向合同用人转变，由身份管理向岗位管理转变。改革特点包括：①聘用制度推行面不断扩大，人事部《关于在事业单位试行人员聘用制度的意见》表明，全国范围内都结合本地区和本部门的实际，制定事业单位实施聘用制度的意见，随着聘用制度的建立和推行，合同用人的观念已经深入人心，为深化事业单位人事制度改革营造了良好氛围；②岗位设置管理制度实施工作全面推开，2006年事业单位收入分配制度改革建立岗位绩效工资制度，作为事业单位人事管理的基本前提，事业单位岗位设置管理工作开始实施，人力资源社会保障部会同相关部门研究制定了14个行业指导意见，各地区和大多数部委都制定了事业单位岗位设置管理实施办法，岗位设置管理工作初步入轨并逐步完善，岗位设置管理工作的开展，为深化事业单位人事制度改革打下了坚实的基础。

转型期事业单位中的雇用员工方式是"双轨制"员工并存，既有国家编制内的员工，又有无编制的员工，两者在同一组织中并存。从聘用合同形式上看，全国签订聘用合同的事业单位工作人员占事业单位工作人员总量的比例由2005年的51%增加到2006年的59%，而2009年这个数字增加到80%。"十一五"计划末，全国事业单位签订聘用合同的工作人员已经达到90%。从岗位设置管理来看，目前全国有31个省市区和新疆生产建设兵团都已经开始实施岗位设置改革，其中10个地方基本完成；国务院系统正式核准和备案的部门已经占到应该实施岗位设置工作部门的80%。

在渐进式经济改革背景下，我国企事业单位人事改革逐步展开。但是事物发展都有一个过程。实践上，我国很多单位仅仅在形式上进行了转换，人事制度与传统制度并没有很大区别，用人机制转换还没有到位（谢茂拾，2005）。

转型期我国企事业单位的"双轨制"员工身份不同，工作表现和工作稳定性等方面存在显著差异，同时也带来一系列后果，表现在对组织绩效的负面影响和对社会公平与和谐的负面影响。相对于用工方式的转变，"双轨制"员工身份转变更为复杂，需要关注更多因素的转变。这些因素除了收入以外，还有员工权利制度安排和员工文化心理层面的转变。在社会结构处于变动状态，群体和个体流动性提高的条件下，尽管身份的重要性在逐步减少，但是由于其神秘性反而应受到极大关注（Marshall，1963）。在我国转轨经济背景下，"双轨制"员工身份差异需要更多的研究来揭开神秘面纱，为我国国有企业事业单位用人制度的改革提供坚实的理论支撑。

上述文献表明，本书的"双轨制"身份员工差异表现在以下两个方面：

（1）可以界定为雇佣方式的客观差异和个体对身份差异的主观认可与确定。无论在原体制下还是现有体制下，我国企事业单位有编制的员工都具有一种"国家职工"的身份。在一系列政策规定中，国家职工是以国家的名义雇佣的，并为国家特定事务而工作，国家为他们提供稳定的工作和薪酬、丰厚的劳保福利、终身社会保障、优惠的住房和物资供应、子女教育的一部分费用等的员工。我国企事业单位的编制身份，具有身份的全部特征，即等级、特权、依附和超越法律。等级性表现为有编制员工相对于无编制员工，在单位的地位有高低区别；特权性在于，正式员工能够享受到单位赋予的政治、经济、文化和社会权利；依附性体现在，正式员工将一生的命运与单位的命运联系在一起，如果成为国有企事业单位的员工，就进入了资源齐全的摇篮，其全部的生活所需都可以由单位提供，也不能轻易被辞退，员工紧紧依附单位生存和发展；超越法律，指的是正式员工的身份特征是历史沿袭下来的，虽然有所变化，但是其等级地位、特权和依附性依然存在，并且泛化为根深蒂固的社会文化规则，时时超越法律规定。在我国企事业单位，没有编制的员工享受不到这些制度性特权，这些员工遵循《合同法》的规定，按照市场规律的要求承担相应的责任义务，享有相应权利。当然，有编制的员工在义务方面与权利相对等，有身份赋予的社会性期待行为即必须无条件服从单位的工作安排，将单位的事情视为自己的事情，尽心尽力为单位服务。不同的雇佣方式会带来员工社会性权利、财富和义务的差异，因此我们认为，不同雇佣方式是"双轨制"员工身份差异的重要标识。

（2）我国"双轨制"员工身份差异与社会文化中的群体和个体对于身份的态度或者认可程度密切关联。这里所说的群体和个体对于身份的态度与认可程度就是身份意识。英国社会学家马歇尔（1963）认为，社会身份（Social Status）在进行比较中，不仅应该关注客观事实，如权力、财富和教育等身份相关因素，这些相关因素被称为社会身份的证据、指标和象征，而且还要关注行为互动过程中表现出来的对社会身份相关因素的态度。态度虽然难以探究，但是非常有意义。本书的身份意识指的是个体对待身份的态度，以反映个体心理层面上重视身份的程度。显然，员工的身份意识强度越高，身份制度影响这个企业组织运行的作用就越大。

第四章 双轨用工制度的国际比较

"双轨制"员工研究涉及我国社会、政治和经济等各个方面的改革和发展,具备一定独特性。与我国"双轨制"员工最相似的概念,是西方标准/非标准雇佣员工研究,本书暂时称为西方"双轨制"员工。国外研究虽然没有员工的"编制"身份的提法,员工不同身份的内涵也与国内迥然不同,但是根据内部市场和外部市场理论,我国"双轨制"员工研究与国际上标准/非标准雇佣员工研究仍有共同之处。

目前,国内相关研究还有待于进一步深化,借鉴国际相似研究很有必要。现有"双轨制"员工的研究,多从国家宏观就业机制和组织层次,研究用工"双轨制"存在的原因、利弊和发展趋势。姚先国(1992)认为,用工"双轨制"在国有企业和事业单位普遍存在,与国有企事业单位的垄断性质有关。蔡昉(1998)则认为,"双轨制"用工的出现受到我国劳动力市场供求状况的影响,更是转型期我国企业用工制度改革不彻底、转轨不到位的直接产物。关于"双轨制"用工的利弊,目前认为既有利也有弊。如陶厚永等(2009)研究发现,用工"双轨制"和单轨制相比,不具备适应性效率,在促进组织绩效快速增长方面也没有优势。用工"双轨制"暴露出种种弊端,传统用工方式向市场化用工制度的转换受到多方面因素的影响,"一步取齐"不太现实(苏海南,2008)。究其原因,可以概括为两个方面:一是市场化用工制度发展缓慢，市场化用工制度是国有企业职工从传统用工体制中转移出来的方向和途径，其缓慢的发展速度对传统用工方式转换不利；二是传统用工制度惯性较大，正式员工对传统用工制度的依赖性强，政府和企业需要维持社会稳定而倾向于支持传统用工制度的延续（于潇，2004）。

第一节 "双轨制"员工与西方标准/非标准雇佣员工概念的相似性

从运作规则、管理模式、雇佣和报酬决定权等方面来看：计划轨用工和标准雇佣方式来自一个组织内的正式劳动力市场，有一套指导雇佣抉择的详细规则和程序，代替了劳动力市场供给和需求的调节作用，依靠培训和工作再设计等管理方式调整用工，内部员工工作条件好，雇佣和报酬决定权较高，因此相当于内部劳动力市场；而市场轨或者非标准雇佣方式按照劳动的边际贡献与边际成本的比较，可以及时增减劳动雇佣，并按照劳动的边际贡献或者市场工资支付报酬，因此相当于外部劳动力市场（姚先国、黎煦，2005）。

一、标准/非标准雇佣员工的界定

国际上对非标准雇佣和标准雇佣的对比研究起源于 20 世纪 80 年代，到 90 年代中期掀起一个高潮，目前这个研究热点还在继续（Cuyper 等，2007）。随着经济和技术领域的快速发展，组织中的传统工作理念和方式正在发生巨大的改变，看重终身雇佣的工作理念正在发生转变，伴随终身雇佣的家长式关怀和员工忠诚等因素可能也在淡出，而自我雇佣、临时雇佣和人事外包等非标准雇佣形式逐渐走上社会舞台并成为雇佣关系的重要形式（郭志刚，2007）。标准雇佣是许多工业国家传统的雇佣方式，也是各国劳动法和社会保障体系发展的基础；非标准雇佣在国际上则是20世纪70年代中期开始大量兴起的灵活雇佣方式。雇佣关系中的标准和非标准雇佣对比研究，成为雇佣研究中的一个热点。因为非标准雇佣给个人职业生涯规划和组织管理带来深刻的影响，西方学者将其兴起作为员工工作生活的重要变革（Campbell 等，2001；Guest，2004）。国际上非标准雇佣的研究成果丰富，其中欧洲因为调查数据翔实，在非标准雇佣研究中占据优势（Campbell 等，2001），此外，美国、加拿大和澳洲也有较多研究，目前国内相关研究较为滞后。借助国际研究的丰富成果，我国非标准雇佣研究将在一个较高平台上开展工作。

到目前为止，非标准雇佣研究在学术界尚缺乏一个通用词汇，一定程度上阻碍了其研究（Gallagher 等，2001；Kalleberg，2000）。非标准雇佣有很多替代的名称（Kalleberg 等，2000），如临时雇佣（Contingent Work、Temporary Employment、Casual Employment）（Connelly 等，2004）、非传统的雇佣（Nontraditional Employment）（Ferber 等，1998）和非典型雇佣（Atypical Employment）（Córdova，1986）等。临时雇佣在西方使用频次最多，之所以称为临时雇佣，是因为西方学者将此类雇佣与永久雇佣（Permanent Employment）相比较而言的（Polivka 等，1989）。考虑到名称应摒弃负面的含义（Carnoy 等，1997），本书采用非标准雇佣的名称，与标准雇佣（Standard Employment）相区别，进行相关研究。

非标准雇佣的界定，已经有较为一致的看法。美国劳动统计局

(US Bureau of Labor Statistics) 对临时雇佣（Contingent Work）的定义：没有明确或隐含的长期雇佣契约的工作关系（Polivka，1996）。Polivka（1996）在美国劳动统计局界定的基础上，将临时雇佣定义为："没有明确或隐含的长期雇佣契约的工作，或者最低工作时间是以非系统方式变化的工作"。因为Polivka和Nardone（1989）认为，一些非临时的雇佣形式，如稳定的兼职雇佣和自我雇佣等形式，也都属于非标准雇佣。其他关于非标准雇佣的研究大都采用Polivka（1996）的这一观点（De Cuyper等，2007；Connelly和Gallagher，2004）。

理解非标准雇佣界定的关键是非标准雇佣与标准雇佣的区别。De Cuyper等（2007）阐述了两者在工作时期、工作场所和员工权利三个方面的区别；Kalleberg（2000）解释了两者在全职/兼职方面的区别。综合起来，两者的区别体现在以下四个方面：

（1）工作时期方面，标准雇佣的特征是永久和持续雇佣，而非标准雇佣是非持续和有限期雇佣，通常有一个固定期限。

（2）工作场所方面，标准雇佣中，雇员在雇主指定的场所工作，根据雇主的思路并在雇主监督下工作，而非标准雇佣的工作场所可能是市场中介所指定的，如有些临时外包的工作就是如此。

（3）员工权利方面，许多国家的标准雇佣拥有非标准雇佣不具有的广泛的法定福利和权利，如最低工资、失业保险、不公平解雇保障和有偿离职。

（4）全职或兼职方面，标准雇佣是全职的，一些非标准雇佣是兼职的。

二、非标准雇佣的异质性

非标准雇佣异质性指的是因情景不同而表现出来的特点，体现在种类多以及所在国家规制和法律特点的区别等方面（De Cuyper 等，2007）。

（一）种类方面，不同研究对非标准雇佣具有不同的划分

Kalleberg（2000）将非标准雇佣关系分为公司的短期合同雇佣（Temporary Work）、通过中介的雇佣（Employment Intermediaries）、兼职雇佣（Parti-time Work）和自我雇佣（Self-Employed）。Connelly 等（2004）将非标准雇佣分为临时服务中介、独立契约形式、直接雇佣的短期形式和季节性合同形式。这些文献研究中较为一致的非标准雇佣种类可以归纳为：

（1）通过中介的雇佣形式，而通常所说的三方雇佣关系，员工和几个雇主建立关系，形式有临时服务中介和承包公司雇佣。

（2）自我雇佣又称为独立契约，这一类雇员没有雇主，也没有薪水合同，雇员为自己的税收负责。

（3）短期合同雇佣与永久工相比较，含义是短期的和不稳定的雇佣，包括短期雇佣或者固定期限合同等形式。

（二）对待非标准雇佣的法规特点方面，不同国家也是不同的

各国对非标准雇佣的具体规定有差异。如非全职雇佣在不同的国家指标不同，美国和欧洲采用工作时间的指标来判断兼职工作的特征（Houseman，1995），将兼职雇佣定义为每周少于 35 小时的工作。但日本却以在公司地位来界定，时间不能成为区分的指标，因为被日本雇主称为兼职的工作，是和全职工作一样的时间（Guest，2004）。再如临时雇佣在欧洲等同于固定期限合同雇佣，在美国则不仅限于一种形式。不同国家对待非标准雇佣的国家规制和法律粗略分为三种类型：

（1）欧洲类型，大部分欧洲国家对非标准雇佣关系的监管是保护性的（Vosko，1998；Zeytinoğlu 等，2000），把非标准雇佣工权利的最低水平和永久工联系起来。

（2）澳洲类型，澳洲的非标准雇佣工缺失权利和福利（Wooden，2001），没有带薪病休和有薪假期通常暗示着非标准雇佣工状态。

（3）美加类型，美国和加拿大处于前两种类型的中间状况，美国和加拿大把非标准雇佣工的保护和福利分配的权力交给了雇主（Zeytinoglu 和 Muteshi，2000）。

虽然非标准雇佣有很大的异质性，但借鉴国际研究的成果仍然非常必要（Campbell 等，2001；Campbell 和 Burgess，2001）。

从理论的角度，非标准雇佣研究能够深化人们对现有雇佣关系的认识，激发探究雇佣关系本质的动机，并将之运用于不同的文化环境。如国际研究非常关注组织直接雇佣和间接雇佣这两类非标准雇佣的比较，像临时中介工、外包和转包等间接雇佣涉及三方雇佣关系，这与标准雇佣的雇主—雇员的关系模式显著不同，这方面的国际研究成果将为人们了解雇佣关系的本质特点提供帮助。另外，从实践来看，企业对待非标准雇佣的人力资源管理实践不同，如一些非标准雇佣可以为员工提供永久或者长期雇佣的希望（Aronsson 等，2002），但是有些非标准的契约期限非常短而且不稳定，因此相关研究可以为企业预测和调整非标准雇佣员工的产出和贡献提供支持。

综上所述，从组织给予员工的管理和待遇差异角度，我国"双轨制"员工身份和西方标准/非标准雇佣身份有相似之处。在国内现有相关研究有待深入开展的时候，借鉴西方相似研究成果非常必要，即西方关于标准/非标准雇佣员工研究的成果对我国"双轨制"员工身份的研究很有参考价值。

第四章　双轨用工制度的国际比较

第二节 "双轨制"员工身份对工作表现影响的结果

本书将我国"双轨制"员工身份相关研究与西方标准/非标准雇佣员工的文献研究进行分析和整理。本书沿袭已有研究的思路,将相关文献中组织承诺、工作满意度、心理契约和幸福感(健康、安全和工作家庭冲突)等归属于工作相关态度,组织公民行为和基本工作任务绩效等归类为工作相关行为和绩效(Connelly 和 Gallagher,2004;Guest,2004)。学者们将这些话题在"双轨制"或者标准/非标准雇佣背景下再次进行验证(Feldman,1990)。

一、对工作态度的影响

对员工的工作相关态度最经常研究的话题有组织承诺、工作满意度、心理契约和幸福感等。

(一)组织承诺

非标准雇佣和组织承诺之间的关系经常研究,但是结论通常不一致甚至互相矛盾(Cuyper 等,2007)。McDonald 和 Makin(2000)的研究认为,组织直接雇佣的临时员工比永久雇佣员工的组织承诺更高;Pearce(1993)则发现,独立契约者和永久用工的组织承诺之间没有显著的区别,而临时中介员工组织承诺的研究结果更为复杂(Lapalme 等,2009;Liden 等,2003;McClurg,1999),复杂关系主要因为这类员工的组织承诺涉及对两个组织的承诺,分别是对临时服务中介和对客户单位的承诺,而对不同主体的组织承诺可能方向完全相反(Liden 等,2003)。

即使针对同一种类型临时员工的研究,非标准雇佣和组织承诺的关系也常常得不到一致结论。以临时中介员工的组织承诺研究为例,Klein Hesselink 等(1998)发现临时中介员工的组织承诺比永久用工和固定期限员工都低(De Cuyper 等,2007),但 Lapalme 等(2009)的研究暗示临时中介员工的组织承诺(情感承诺)未必更低,即使这些临时员工处于公司的边缘地位,也可能因为高水平的组织支持和由此体验到的内部人性感知,产生高水平情感承诺。

(二)工作满意度

国内目前可见的实证研究中,员工身份影响工作满意度的研究有阳毅等(2010)的研究。该研究认为,正式员工相对于非正式员工,其工作满意度更高。阳毅等人的研究做于 2009 年 12 月 15 日~2010 年 2 月 10 日,样本为某垄断性行业科技人员。这次大规模调查共有 18880 名个体参与问卷填写。结果表明:雇佣身份对工作待遇具有显著性影响,其影响程度在特定条件下超过了性别、工作年限及学历等对工作待遇的影响;在控制了相关人口学变量的前提下,雇佣身份本身对工作满意度存在显著性影响;工资收入对雇佣身份影响工作满意度没有调节作用,即由于雇佣身份导致的工作满意度的不同,并不会随着收入的提高而减弱。

但是,西方标准/非标准雇佣身份和工作满意度之间的关系至今没有结论。Guest 等(2003)发现,永久工比临时中介员工的满意度更高,但是组织直接雇佣临时工比永久工的工作满意度高(De Cuyper 等,2007)。Bardasi 和 Francesconi(2004)的研究则表明,英国在合同类型之间的工作满意度没有发现显著区别。这种不一致在不同类型的非标准雇佣工研究中也非常突出。Connelly 等(2004)综述提到

Bergman (2002) 的研究，表明组织直接雇佣的临时工比永久工满意度更低，这个观点与 Guest 等 (2003) 的研究结论正好相反。Krausz 等 (1995) 分析了这种不一致的原因，认为工作满意度与选择工作的意愿有密切关系，自愿选择者满意度比被迫选择的要高，使得最终的结果复杂化。

(三) 心理契约

相比其他态度话题，心理契约研究达成了较为一致的看法，即非标准雇佣员工的心理契约与标准雇佣员工相比，更倾向于交易型心理契约。这个观点在不同样本的研究中都得到了验证。Chambel 和 Castanheira (2006) 对葡萄牙一家工业公司的制造工人和一个电话中心服务公司的操作员的心理契约进行了研究，样本中进行比较的雇佣形式有中介公司员工、公司直接雇佣的临时员工和核心员工三种，结果发现非标准雇佣员工（临时中介公司员工和公司直接雇佣的临时员工）从组织感受到更少的社会—情感诱因，因而更倾向于交易型心理契约。Guest 等 (2003) 发现了专业和知识性的临时中介员工的心理契约也有类似的结果，研究表明，这类员工比标准雇佣更倾向于交易型心理契约。

一些研究结果在此观点基础上，进行深入分析，使得雇佣形式和心理契约的关系更为丰富。McDonald 和 Makin (2000) 比较了一个组织中的临时工和永久工两个类型员工的心理契约，一开始发现两者没有区别，当研究者深入分析并归因于此处临时工的工作契约可以延续，认为临时工把短期合同看作向永久工过渡的一种方式，因此现时非标准雇佣状态对其心理契约没有影响。Chambel 和 Castanheira (2006) 也有类似的研究经历，他们发现，直接雇佣的临时工成功延长合同后，他们的心理契约中社会情感成分就会占据优势。因此，很多研究者认为，临时契约对员工心理契约的负面影响可以改变，如通过采取一些积极措施发展社会情感成分的心理契约。

(四) 幸福感

幸福感包括安全、健康和工作家庭冲突等方面的研究。

国内外关于安全感的研究有较为一致的结果。国内员工身份影响安全感的研究见诸王艳芝（2007）的一个实证调查，该研究认为，正式员工相对于非正式员工安全感更高。该研究做于2005年2月，针对河北省11所幼儿园437名工作人员施测，测试了幼儿园正式员工和临时员工的安全感。结果表明，由于编制存在是旧有用人体制的遗留物，影响幼儿教师能否被继续聘用的重要因素，正式员工更容易感到工作安全、职业安全，因此正式员工的安全感考量表评分高于临时工。西方的标准/非标准雇佣身份影响员工安全方面的研究也有较为一致的结论，即不管哪种形式的非标准雇佣，员工安全方面的幸福感较低。Quinlan等（2001）对临时中介员工的研究，Kochan等（1994）对独立契约者的研究，以及Virtanen等（2003）对组织直接雇佣临时工的研究，都得出了相同的结论，认为企业给予非标准雇佣工的安全培训是低水平的，导致非标准雇佣员工的幸福感低下，他们呼吁企业认识和改善临时工的安全培训，将临时工有效整合到组织的安全文化中。

西方文献表明，非标准雇佣和职业健康之间的关系在不同研究中结论差异极大（Quinlan等，2001）。对一般健康来说，非标准雇佣工人和永久员工比较，有的更健康（Liukkonen等，2004），有的相当（Virtanen等，2003）。对心理健康来说，非标准雇佣工和永久工比较，有的相当（Bardasi和Francesconi，2000），有的心理更健康（Liukkonen等，2004），有的更不健康（Virtanen等，2002）。

西方一些学者研究标准/非标准雇佣员工对整体幸福感的影响。Galais和Moser（2009）认为，相比于标准雇佣员工，临时中介员工的幸福感因为不稳定工作安排和组织承诺而受到消极影响。Isaksson和

Bellagh（2002）对大样本女性临时中介员工研究发现，相比于正式员工，临时工心理压力和身体健康抱怨更多。Gallagher 等（2001）认为，个体从事临时中介工作的状态和工作家庭冲突交互作用会导致更强的压力。

二、对工作行为的影响

在非标准雇佣员工的工作相关行为及其结果研究中，组织公民行为研究较多，基本工作任务绩效研究较少。

（一）组织公民行为

对于非标准雇佣员工和标准雇佣员工的组织公民行为比较，研究不能达成严格的一致（Cuyper 等，2007），有的研究认为两者一样多，但有的研究发现更多或者更少。Chambel 和 Castanheira（2006）研究检验了不同工作状态（临时公司员工、公司直接雇佣的临时员工和核心员工）对员工行为的影响，结论表明，正式合约和临时契约下员工的组织公民行为没有区别。Kidder（1995）研究也有相似的结论，他发现临时和永久雇佣的护士在组织公民行为方面是一样的（Connelly，2004）。但是，Pearce（1993）对航空产业的承包员工进行的研究中发现了两者不一样的现象，他的研究报告认为，临时工比永久工的组织公民行为更多。Ang 和 Slaughter（2001）研究也表明两者不一样，但是又和 Pearce（1993）的研究结论相反，认为临时工比永久工表现出更低的组织公民行为。

（二）基本工作任务绩效

基本工作任务绩效的少数研究分歧也很大。一般看法认为，非标准雇佣工可能因为他们不太熟悉工作，需要更多时间学习工作程序，因而导致生产力低些（Kalleberg，2000）。然而，另一些研究没有发现非标准雇佣工和永久工之间的绩效区别，如 Ellingson 等（1998）的实证研究表明，在临时中介员工和他们的永久工同事的绩效之间没有显著区别，即使加入自愿性变量，也没有发现结果显著变化。

综上，许多文献对我国和西方"双轨制"员工的工作表现进行了研究。我们看到这些结论有如下特点：我国目前"双轨制"员工身份对工作表现影响的研究结论认为，非正式员工相比于正式员工的工作表现不尽如人意。西方"双轨制"员工即非标准相对于标准雇佣的员工心理产出的结论很难达到一致，有时甚至出现矛盾的结果；即使同类型非标准雇佣员工，其心理产出的研究结论也不一致，一方面可能因为不同国家和地区的规制影响、工作特征差异和个体特征差异；另一方面可能因为组织的人力资源管理政策与实践不同，导致非标准雇佣员工心理感受的差异。

由于我国"双轨制"员工身份对工作表现影响的研究有待深化，本书将西方"双轨制"即非标准/标准雇佣员工的研究进行汇总。表 4-1 按照员工心理产出的主题和非标准雇佣种类，对西方影响力较大的相关文献进行了归类。

表 4-1 非标准雇佣员工与标准雇佣员工工作表现的比较结果

绩效话题	临时服务中介		独立契约		直接雇佣的非标准雇佣		分类信息不明	
	作者	比较结果	作者	比较结果	作者	比较结果	作者	比较结果
组织承诺	Lapalme 等（2009）	复杂	Pearce（1993）	一样	McDonald and Makin（2000）	显著高	Sverke 等（2000）	低
	Connelly 等（2003）	复杂					Van Dyne and Ang（1998）	显著低
	Liden 等（2003）	复杂						
	McClurg（1999）	复杂						
	Klein Hesselink 等（1998）	低						

续表

绩效话题	临时服务中介 作者	比较结果	独立契约 作者	比较结果	直接雇佣的非标准雇佣 作者	比较结果	分类信息不明 作者	比较结果
工作满意度	Guest 等（2003）	低			Guest 等（2003）	高	Dickson and Lorenz（2009）	复杂
	Krausz 等（1995）	复杂			Bergman（2002）	低	De Witte and Näswall（2003）	复杂
							Bardasi and Francesconi（2004）	复杂
心理契约	Chambel and Castanheira（2006）	有关	Guest and Conway（2002）	有关	Chambel and Castanheira（2006）	有关	Van Dyne and Ang（1998）	有关
	Guest and Conway（2002）	有关			McDonald and Makin（2000）	无关		
					Levesque and Rousseau（1999）	复杂		
组织公民行为	Chambel and Castanheira（2006）	复杂	Pearce（1993）	高	Chambel and Castanheira（2006）	复杂	Van Dyne and Ang（1998）	低
	Liden 等（2003）	作用机制	Ang and Slaughter（2001）	低				
	Kidder（1995）	一样						
绩效	Ellingson 等（1998）	无						
	Kalleberg（2000）	低						
幸福感	Galais and Moser（2009）	复杂	Kochan 等（1994）	低	Virtanen 等（2003）	低	Sverke 等（2000）	复杂
	Isaksson and Bellagh（2002）	复杂			Bardasi and Francesconi（2000）	复杂	Klein Hesselink and van Vuuren（1999）	复杂
	Gallagher 等（2001）	复杂						
	Quinlan 等（2001）	低						

资料来源：根据相关文献整理。

第三节 "双轨制"员工身份对工作表现影响的条件和过程

一、身份意识的影响

我国企事业单位大多已经按照市场经济规则进行运营管理，但是我们组织的运行却仍然带有较强的身份等级特征。也就是说，企事业单位按市场规则建构组织和管理员工，但社会文化规则和人的行为却带有身份制中的"人情"法则和身份专制气质。

我国关于身份意识的现有研究较少，身份意识对员工心理和行为影响的论断多为经验论断。费孝通在《生育制度》（1981）中认为，社会结构总是由不同身份所组成的，身份和身份意识使得社会交往秩序井然，社会结构稳定可靠。郭玉锦在他的《中国身份制及其潜功能研究》（2002）中，首次将身份意识可测量化，并推断员工的身份意识越强，身份规则对组织运行和个人在组织中的心理和行为影响越深刻。郭玉锦（2002）详细分析了身份意识对于员工的工作相关态度和行为的影响，他认为这种影响有积极的一面，也有消极的一面。积极的一面表现在，身份意识强烈的员工，更加愿意遵守身份带来的秩序和规则。目前身份意识在我国企事业这个发展阶段上其消极意义显著。消极的作用体现在，由于不同雇佣关系身份附有人们看重的特殊生存和发展资源，人们对身份的重视和追求超过了对市场规则和法律制度的重视和遵循。这是因为，我国身份规则有以下显著特征：①人与人的先后次序远近亲疏关系由身份规则来确定，并且据此确定办事的顺序；②人受尊重的程度取决于身份及其资源；③身份规则高于其他社会规范甚至法律制度；④雇佣关系是一种人身依附关系而不是契约关系。这些身份规则对于市场规则下建立契约关系是有阻碍作用的，一旦没有得到正式身份，人们的心理失落感就会非常强烈，可能成为矛盾和对立的缘起，从而对工作相关态度和行为产生负面影响。

我国关于身份意识的研究没有深入开展，可能有以下几个原因：一是身份意识研究的文化独特性，身份意识是一个文化心理的概念，民族文化对形成身份意识有深刻影响，因而在概念的国际比较方面有一定难度；二是身份意识研究的敏感性，身份的等级、特权和超越法律等特征，使得身份的相关研究多少会涉及既得利益者的敏感之处，因而在实践中难以深入分析案例和样本。这些因素导致身份研究在理论上和实践上难以深入开展。

二、工作态度的影响

Bergman（2002）认为，临时工心理上的临时感比雇佣临时性更好地预测工作态度，因此，研究心理临时感很可能能揭示非标准雇佣员工心理产出的作用机制。可能影响员工心理临时感的因素有心理契约、组织支持、公平感、个人意愿和动机、心理授权和工作安全感等。

（一）心理契约的研究

心理契约除了作为重要的态度指标，在很多研究中也作为中介变量预测非标准雇佣员工的组织公民行为。

Chambel 和 Castanheira（2006）的研究，支持了临时中介员工的心理契约对工作状态与组织公民行为关系的中介作用。Kidder（1995）

的研究也有相似发现，他们认为临时护士感知到她们有更为关系型的契约时更可能表现组织公民行为。Van Dyne 和 Ang（1998）也发现，当组织给予临时工更多尊重，不把他们当作边缘人物时，一些临时工就会对组织表现出对心理契约的积极看法，就会像正式员工一样表现出组织公民行为。

（二）组织支持（POS）和公平感对非标准雇佣员工的组织承诺有正向影响

组织支持和公平感的研究较少，相关研究表明临时工的组织支持感和公平感对临时工的组织承诺影响很大。

Liden 等（2003）通过对美国中西部一家制造企业的临时中介服务公司的调查，揭示临时中介员工的组织支持感和临时工对客户组织的组织承诺正相关，暗示临时工的组织支持感对组织承诺的正向影响。McClurg（1999）的研究则证实了临时中介员工的组织支持感对组织承诺的预测作用，并分离了两个主体的承诺，认为来自中介公司的组织支持感会导致临时工对中介公司的承诺，而来自客户组织的组织支持感则会导致对客户组织的承诺。Connelly 等（2003）则使得问题更为有趣，他认为来自客户组织的组织支持感也会导致对临时中介公司的情感和持续承诺，并称之为溢出效应。

公平感的实证研究见 Liden 等（2003）的研究，表明组织支持感受到组织内部程序公平的影响很大，且为正向影响，因此公平感也可能对临时工的组织承诺产生正向影响。

（三）心理授权和工作安全感的研究

一些研究认为，非标准雇佣员工的工作满意度受到心理授权和工作安全感的正向影响。心理授权的研究见 Dickson 和 Lorenz（2009）的一个预调查文献，他们通过对美国中西部一所大学本科生的调查，研究全职临时工和兼职非标准工的工作满意度。结果发现，心理授权的两方面认知（意义和影响）对工作满意度有正向影响。工作安全感的研究见 De Witte 等（2003）的文献，他们认为工作满意度在很大程度上由工作安全感决定。

（四）个人意愿和动机的研究

在非标准雇佣研究中，最大的发现之一是员工选择工作的意愿对态度和行为的影响，学者们认为自愿选择非标准雇佣的员工态度和行为比非自愿员工的态度和行为更为积极。Natti 等（2009）研究了雇佣合同类型（永久/临时）和死亡率之间的关系，采用芬兰 1984~2000 年的纵向数据。结果表明，自愿选择临时工的死亡率不比永久工高，非自愿选择的临时工比永久工的死亡风险高。Isaksson 和 Bellagh（2002）研究发现，非自愿的临时中介女性员工比自愿者心理压力和身体健康抱怨更多。Krausz 等（1995）认为，中介公司的临时工中，自愿选择者的满意度比被迫选择者的要高。

也有学者对个人意愿更进一步研究，得出更为丰富的见解。DiNatale（2001）发现，自愿性会随着雇佣形式的不同而有所变化，如对独立契约者来说，只有一小部分对长期合同形式有兴趣。Bernasek 和 Kinnear（1999）认为，个体选择临时工作的意愿随着工作条件而变化，如会随额外收入的变化而变化。Ellingson 等（1998）甚至得出结论，自愿和非自愿状态是两个不同的概念，个体非自愿选择临时工作时工作满意度较低，但是个体自愿选择时工作满意度与临时工作状态无关。但是这个结果在后来的研究中没有得到验证。

个人动机和个人意愿关系紧密，是选择临时工作的内在原因。非标准雇佣员工的工作动机可能有技能发展（Marler 等，2002）、获取额外收入（Bernasek 和 Kinnear，1999）和获取永久雇佣等（Feldman 等，1995；Hardy 等，2003）。Jong 和 Schalk（2010）研究了荷兰临时工的踏脚石动机（获取永久雇佣）和自愿/非自愿对公平和工作态度关系的影响，结果发现：把临时工作当作获取永久雇佣方式的员工，公平感对其工作态度和行为没有显著影响；自愿临时工的公平感和工作绩效相关；非自愿临时工的公平感对其工作态度和行为影响更为强烈。

上述文献表明，"双轨制"或者非标准/标准雇佣研究在国际上已经获得广泛的关注和成果。文献综述得到三个方面的结论：

（1）非标准雇佣的异质性对员工的态度和行为影响很大，异质性除了非标准雇佣种类外，还包括工作相关因素、个人差异和环境差异等，这些因素使得非标准雇佣呈现不同特征。

（2）非标准雇佣工的心理产出方面的很多研究结论不一致甚至相互矛盾，即使非标准雇佣种类也不能完全解释这些差异。

（3）非标准雇佣工心理产出的作用机制，可能是解释差异的突破口。

因此我们提出，把未来研究的重点放在作用机制上，期望从组织对待非标准雇佣员工政策和措施的角度，寻找解释非标准雇佣员工态度和行为差异的线索。

我们认为，异质性非标准雇佣员工的态度和行为产出的过程不同，研究焦点需要从非标准雇佣与标准雇佣产出差异，转向产出机制方面的差异。相关文献表明，在产出机制方面，非标准雇佣与标准雇佣之间既有相似的地方，又存在显著的不同。与标准雇佣相似的作用机制表现在预测非标准雇佣员工的工作满意度、组织公民行为和单主体组织承诺方面。与标准雇佣研究背景一样，心理授权、工作安全感对非标准雇佣员工的工作满意度有预测作用；心理契约的社会交换关系与非标准雇佣员工的组织公民行为正相关；组织支持对非标准雇佣员工的组织承诺有正向影响。

与标准雇佣形式不一样的作用机制，一方面表现在预测双重甚至三重主体承诺方面。非标准雇佣员工承诺的主体相比标准雇佣下员工，更倾向于双重甚至多重，如临时中介员工会涉及对使用单位的承诺和对临时中介公司的承诺，而且非标准雇佣员工可能对工作和职业的承诺更为关注（Cuyper等，2007）。不同主体承诺之间的关系目前尚未定论，有的研究表明是正相关，有的研究却表明是负相关，因此我们推论不同主体承诺的产生机制可能不同。另一方面表现在个人意愿和动机对非标准雇佣员工态度和行为的显著影响上。人们发现，自愿选择和非自愿选择的非标准雇佣员工在心理契约（Levesque 和 Rousseau，1999）、工作满意度（Krausz等，1995；Ellingson等，1998）、个人幸福感（Natti等，2009；Isaksson 和 Bellagh，2002）等结果中有显著差异。一些学者加入选择动机，发现不同的选择动机会导致非标准雇佣员工的不同态度和行为（Jong 和 Schalk，2010）。

因此，今后我国"双轨制"员工身份对工作表现的研究将借鉴国际研究成果和经验，进行较为成熟的考虑。这些考虑将包括"双轨制"员工所处雇佣环境的具体分析、非标准雇佣的种类和客观特征的刻画，以及对所关注员工态度、行为的影响和影响过程。在一个具体的"双轨制"雇佣研究中，实地考察和描述非标准雇佣异质性是研究的第一步；接下来选择合适的构念和理论依据进行研究设计，并且重点考察员工心理产出的影响机制。成熟设计的考虑将使得研究结果更具理论意义和实践指导作用。

未来研究的理论框架可以从自变量、结果变量和作用机制等部分说明。

（1）未来研究的自变量可能为"双轨制"或者非标准/标准雇佣的种类或者其他异质性。研究认为，非标准/标准雇佣是异质性构念，异质性的指标包括种类、合同期限和就业经历等。即使非标准雇佣的种类，也有很多表现，如临时中介雇佣、自我雇佣和组织直接雇佣等，不同类型涉及的主体数量和性质可能不一样，如临时中介雇佣涉及非标准雇佣员工、中介服务公司和客户组织三方或者更多主体，导致雇佣关系差异，并影响非标准雇佣员工的态度和行为。作为自变量一部分的控制变量需要在研究中控制，潜在的控制因素有：工作相关特征，如职业、每周工作时间等；个人背景，如年龄、性别、教育等；国家法制，如不同国家和地区劳动法规等。

（2）研究的结果变量可能包括非标准/标准雇用员工的态度、行为和幸福感等个体心理产出。这些结果变量都是标准雇佣背景下所研究的，但很多学者认为结果变量的选择和界定需要慎重考虑（Cuyper 等，2007），因为有些构念在非标准雇佣条件下与标准雇佣下的构念有差异，可能导致差异结果。如临时中介员工的承诺，研究设计时需要考虑此类非标准雇用员工对不同主体的承诺，因为承诺主体不同，相应的研究结果差异很大，甚至完全相反；再如组织公民行为中，永久工可能把它作为工作一部分去完成，但是非标准雇佣员工更可能把它作为回馈。

（3）作用机制指的是影响非标准/标准雇佣员工心理产出的过程，包括中介和调节因素的作用过程。非标准雇佣员工的心理产出很难达成一致，我们猜测一个很大的原因是复杂的作用机制影响。在文献回顾的基础上，依据对社会交换理论和社会比较理论等成熟观点的理解，我们把心理授权、工作安全感、组织承诺、心理契约、组织支持和公平感等因素作为影响员工态度和行为结果的中介，同时加入个人意愿和动机的调节作用，以揭示非标准雇佣异质性影响员工态度和行为的过程。社会比较理论和社会交换理论虽然不能完全解释复杂的现象（Cuyper 等，2007；Chambel 和 Castanheira，2006；Connelly 和 Gallagher，2004），但是，结合研究设计的成熟考虑，这些理论在一定范围内仍将起到很好的指导作用。

"双轨制"员工的身份存在很大的差异，员工身份差异对员工绩效有极大的负面影响。我国目前的研究没有对"双轨制"员工的身份差异和绩效差异进行深入和系统的揭示，更没有对"双轨制"员工的身份差异影响绩效的机制进行研究。但是，"双轨制"员工现象将在很长时间内存在。因此，从员工个体角度，借鉴西方非标准/标准雇佣的研究，对我国"双轨制"员工的身份差异以及由此带来的绩效差异进行探讨，能为组织人力资源管理提供有价值的决策依据，同时，也为国家和组织层面对于用工"双轨制"的决策提供参考。

第五章　双轨用工制度影响员工绩效的理论模型构建

第一节　基本构念界定

本书涉及的基本构念有"双轨制"员工、经济与社会交换感知、身份意识和工作行为。

一、"双轨制"员工

"双轨制"是我国计划经济体制向市场经济体制转变的过渡方式，以增量渐进变革为典型标志。借用"双轨制"概念，本书中"双轨制"员工界定为计划轨和市场轨员工。其中，计划轨员工是指事业单位的编制内员工以及国有企业中的无固定合同员工，市场轨员工是指事业单位的无编制人员和国有企业的固定合同员工、临时工和劳务工等。简单地说，计划轨员工是我国企事业单位沿用计划经济体制的用工方式配置和管理的员工,而市场轨员工则是按照市场价值配置和管理的员工。我国计划经济机制下,国家代替组织雇佣和管理员工,以"统包统分"等指令性计划雇佣和使用员工,国家为其提供工作报酬和终身的福利保障,使其享受国家给予的制度性特权,员工被称为国家职工,这种方式雇佣的员工即为计划轨员工。市场轨员工是组织以市场为调节方式,根据企业在市场竞争中对人力资源的需求来雇佣和使用员工,并且按照市场定价支付员工报酬,这种方式雇佣和管理的员工是市场轨员工。从组织和员工关系的角度分析,"双轨制"员工有本质的区别,计划轨员工与组织的关系本质上是身份关系,市场轨员工与组织的关系本质上是契约关系。

本书的"双轨制"员工指的是标准与非标准雇佣员工,这是一个可以进行国际比较的词汇。通俗说,我国企事业单位中的"双轨制"员工指的是有编制的正式员工和无编制的其他类型员工。其中,有编制的正式员工相当于标准雇佣员工,无编制的员工相当于非标准雇佣员工。

二、经济和社会交换关系

员工和组织之间的关系通常描述为交换关系(Mowday、Porter 和 Steers,1982),有一些较为成熟的概念,如组织承诺和心理契约文献都关注员工对交换关系的感知。迄今为止,大部分交换关系感知的研究都把雇员和雇主的交换分开来。比如说,情感承诺、心理契约中的雇员义务和雇主义务。这些文献关注雇员和雇主之间交换的内容,比如在心理契约重点工作安全交换忠诚,雇主承诺交换雇员承诺等。但是,一些研究者认为,理解交换关系本身的影响也很重要。有两个研究聚焦交换作为一个单独的概念,将员工和雇主的贡献整合在一起。

Shore 和 Barksdale（1998）识别了交换关系感知的四种类型，包括两个不平衡交换和两个平衡交换。他们发现，当员工感知到双方都有较高的义务时，员工的离职率最低，组织支持感和职业前途和情感承诺最高；当雇主义务较高，雇员义务中等到低的时候，离职率最高，组织支持感、情感承诺和职业前景最低。Tsui、Pearce、Porter 和 Tripoli（1997）检验了从雇主角度的交换关系，关注雇主对雇员的贡献和诱因期待，有两个平衡和不平衡的雇佣关系，他们发现，诱因和贡献都高的时候，雇员的绩效最高，态度最积极。因此，理解员工和雇主之间的交换关系非常重要，关注的焦点从分离双方的贡献到双方的交换关系的内容和形式。但是，前两者使用交换的类型变量，社会和经济交换感知使用连续的变量，将拓展对交换关系特点的了解。

（一）经济和社会交换关系感知的概念和成分

社会和经济交换感知的概念是 Shore（2006）发展的概念，意在从员工个体的角度，了解员工和组织交换关系的感知，采用连续变量，理解员工组织交换关系的性质和过程，对员工工作态度和行为进行较好的预测。

员工对交换关系的感知包括两个成分：社会交换感知和经济交换感知。社会交换关系建立在信任基础之上（Emerson，1981），交换关系文献中的一个主题是员工能够发展社会情感和经济目的的交换。根据 Blau（1964）的观点，社会交换限定在未指明的义务，这样当个体提供了帮助，就会对未来回报产生期望，但是回报什么时候、采用何种形式进行，通常不清楚。相反，经济交换关系不能包含义务、信任、人际联系或者对特定交换方的承诺，经济交易行为不是长期或者持续的，而是离散、经济导向的互动。这样社会交换强调社会情感方面，而经济交换重视财政和更可见的方面。

社会和经济交换关系最主要的区别如下：

（1）信任是社会交换关系的基础（Blau，1964），而经济交换是不带个人色彩的，所以信任不是重点。

（2）社会交换中的关系投资非常关键（Eisenberger 等，1986；Rousseau，1995），但是经济交换不需要。事实上，投资和信任是交织在一起的。在社会交换中，双方对另一方的投资都有内在的风险，即投资得不到回报，因此需要信任作为交换的基础（Blau，1964；Cotterell、Eisenberger 和 Speicher，1992；Eisenberger、Cotterell 和 Marvel，1987）。

（3）社会交换需要长期过程，因为社会交换是持续的，需要建立在义务感之上。经济交换不需要长期过程和广泛的义务，而是更关注经济协议，如根据绩效支付报酬。这样，员工对交换期限的期望，长期过程和无时间限制，还是短期过程和有限明确经济义务，是区别两者的关键之一。

（4）关注财政因素如工资和福利，还是社会情感如交换意见和受到组织照顾，是两种区别的另一个关键。

（二）经济和社会交换关系感知的测量

经济和社会交换感知的测量填补了员工与组织交换文献中的一个空白。虽然现存文献中交换关系的理论研究非常受重视，但是还没有直接测量员工对交换关系形式的感知。Rousseau（1990）开发了测量心理契约的方法，通过询问员工感知到的组织对员工的义务，以及自身对组织的义务，比如加班和忠诚。Rousseau（1990）的心理契约测量，作为交换关系的测量方法有许多明显的限制。

（1）基于因素分析的证据，Rousseau 测量方法中的契约条款不能一贯性地划分为交易型和关系型（Rousseau 和 Tijoriwala，1998）。Rousseau 和 Tijoriwala（1998）解释说，因素分析结果中的变异性，归因于组织实践中的变化。随着组织实践的变化，员工会用不同的方式解释相同的交换（如对绩效薪酬的看法）。Foa 和 Foa（1975）以及 Blau（1964）认为，界定交换关系的性质是个体对交换含义的解释。这样，根据个体对交换协议的理解，合同条款可以看作是交易或者关系契约的解读。比如，许多合同工期望高薪来购买他们的辛苦劳动，尤其当他们放弃了许多永久雇佣的津贴的时候。这些员工可能认为他们拥有的是交易型契约（Rousseau，1995）。同时，许多组织支付给努力工作的永久员工以高薪，对员工来说象征着关系协议的执行。然而，即使合同工和永久工的协议包含一些相同的条款，他们也会认为他们拥有不同类型的交换协议。这样，关注心理契约的条款可能会限制不同条件下的普遍性。

（2）Rousseau（1990）测量的个体条目没有反映交换关系的性质，员工被询问雇主对雇佣的义务（如晋升、高薪和长期工作安全）和他们对组织的义务（如忠诚、加班等）。当分开测量这些契约条款的时候（如将员工义务和组织义务分开），交换理论的一个重要因素被忽视了。尤其是测量方法中的条目并不测量交换，因为员工义务和组织义务是分开测量的。只有将这些分开的条目联系起来，交换才能评估。

社会和经济交换感知测量将关注交换关系的性质，从雇员的角度进行测量。我们请个体报告他们和组织之间经济交换和社会交换的程度。心理契约（Rousseau，1995）和承诺（Meyer 和 Allen，1997）研究都认为，社会和经济交换是同时发生的。我们认为员工的经济交换和社会交换的程度不同，每个交换过程都对员工的行为有独特的影响。这样经济和社会交换量表从四个方面进行区分，即信任、投资和义务、交换的即时性和财政、社会情感。这种测量方法与非此即彼的区分类型不同，如雇佣关系类型，社会或者经济类型。我们认为，当需要理解员工对雇佣关系性质和关系中反映出来的社会和经济交换程度的心理感知的时候，同时测量两种交换非常重要。与理论分析相一致，条目从信任、投资、期限和财政/社会情感四个方面进行设计。但是条目不是为了反映单独的维度，而是反映总体交换的形式，这些维度只是对条目设计具有指导的作用，有些条目反映了多维的含义。

（三）工作行为

角色内行为。角色内行为是指那些正式奖励机制下认可的和属于工作要求一部分的行为，包括职责行为和承担被期望完成的工作。按照 Organ（1988）对组织公民行为的描述，角色内行为与组织公民行为相对，两者毫无关系。

Organ（1988）将组织公民行为（OCB）界定为："利他行为，不是正式报酬系统所直接和明确认可的行为，但是总体来说对组织的有效运转有推动作用；行为不是角色或者工作说明书中的强迫要求，而是个人的选择。"这个定义指出，公民行为是自愿的，不属于个体的工作责任，不是组织强迫的行为，有积极的结果，组织是公民行为的受益者。许多研究验证了组织公民行为和组织有效性之间的关系（Podsakoff 等，1997；Podsakoff 和 Mackenzie，1992）。

组织公民行为的动机基础的测定研究是很多研究关注的焦点。一个重要的框架建立在社会交换基础上，认为 OCB 是一种回馈性行为。换句话说，组织对员工的积极有益的行为使得员工产生一种动机，通过积极态度和行为来回馈组织。当员工感到组织很好地对待他们的时候，他们就可能通过组织公民行为来回馈（Coyle-Shapiro 等，1999）。临时工可能认为他们获得的诱因明显投资不足或者是算计的投入，组织的这种投入只能得到临时工的算计投入，他们不表现出来利他的工作行为，只是履行明确要求的职责内行为。临时工不做利他的事情，也没有负面的结果，因为公民行为不在正式的工作职责内。

第二节 假设的提出

基于雇佣关系概念和社会交换理论，本书拟探讨"双轨制"员工身份影响工作行为的结果和内在机理，深入分析员工和组织交换关系在其中发挥的作用。具体来说，以雇佣关系概念为基础，将"双轨制"员工身份理解为员工和组织雇佣关系的类型，将研究问题转换为雇佣关系类型对员工工作表现的影响。以社会交换理论为框架，提出"雇佣关系类型—员工组织交换关系—员工工作表现"的个体层面的研究路径。员工组织交换关系采用西方发展的交换关系质量的构念（Shore等，2009），从经济交换和社会交换关系两种质量深度揭示身份影响个体工作表现的机制。

基于身份理论，本书将分析"双轨制"员工身份影响工作表现的社会文化心理的情境。我国是重视"身份"的国家，身份意识是影响人们心理和行为的重要文化因素，将身份意识作为影响"双轨制"身份作用于工作表现的情境条件是具有一定代表性的，符合我国传统文化的特点。本书将基于身份意识这个重要构念，尝试探究在身份意识不同程度的条件下，"双轨制"员工身份影响工作表现的方向和程度。

根据上述分析，本书提出以下理论模型（见图5-1）。

本书对以上理论模型分为三类观点进行分析：第一类是"双轨制"员工身份对工作表现的影响；第二类是工作态度在"双轨制"员工身份影响行为过程中的中介作用；第三类是身份意识在"双轨制"员工身份影响工作表现的调节作用。

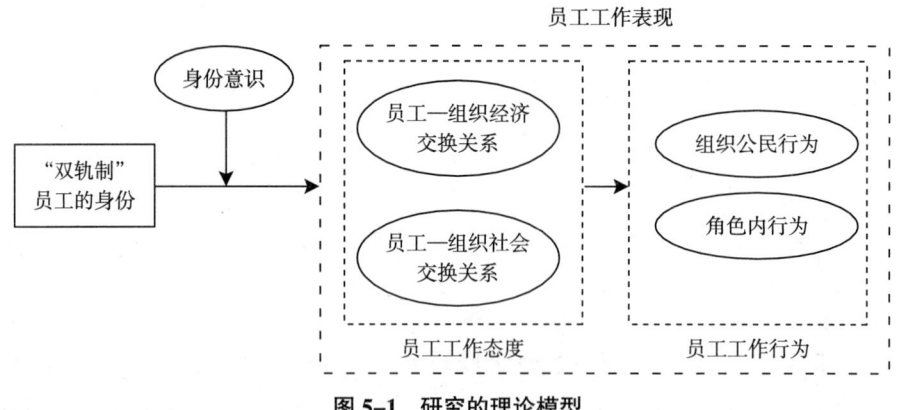

图 5-1 研究的理论模型

一、"双轨制"员工的交换关系差异

按照社会交换关系理论，员工和组织的交换关系包含经济的和社会情感的两种成分（Blau，1964），从员工感知的角度，两种成分的交换关系有着截然不同的特点（Shore，2006）。

临时工与组织的雇佣关系是短期的和有明确期限的，工作任务明确，获得的报酬明确，双方的交换关系范围狭窄，以经济和物质的交换为主。员工感知的交换关系，是从心理上对雇佣关系的认识，因此也是临时性的交换关系，以经济交换关系为主，涉及长远投资的较少。临时雇佣中，组织和员工由于契约期短，相互信任度较低，组织对员工的长期培训和职业发展的投入较少，交换关系包含的社会情感因素少。

社会交换理论和互惠准则均表明，临时工相比正式员工与组织之间拥有更少的积极交换关系。这主要是因为临时工和正式员工从组织中得到了不同的刺激与动因（Rousseau，1997；Sherer，1996）。临时工只是暂时的，他们从组织中得到的收益相对较少，不像正式员工那样可以从组织那里得到常规化和长期性的回报，如晋升、稳定的工作安排和长期雇佣。Van Dyne 和 Ang（1998）也指出，临时工在劳工关系中更多采取的是一种经济交换关系。

正式员工与组织的雇佣关系是长期和没有明确期限的，组织对员工的要求总体来说并不明确，除了对工作任务的要求，还要求正式员工站在组织的立场考虑和行事，将自身发展与组织利益结合在一起。组织对员工的投入范围宽广，除了必要的技能培训，还对员工的职业生涯发展进行考虑。按照回馈原则，员工对组织工作态度是忠诚和积极的，工作行为方面，除了工作任务尽力之外，工作职责之外对组织有利的事情也会积极参与。因此，正式员工感知到的与组织之间的交换关系除了经济交换，还有社会交换关系。依据社会交换模式，员工与企业的关系有两种表现形式，一种是明确的，一种却是难以确定的。在这样的社会交换关系中，员工需要承担的责任和义务没有事先详细地规定。正式员工与组织之间除了直接的经济利益交换之外，由于其所拥有的正式员工身份，与企业之间存在的较长期雇佣关系，使其更容易也更需要与企业形成心理依恋，发展没有明确利益规定的社会交换关系（Shore、Tetrick、Lynch 和 Barksdale，2006）。

假设 1：正式员工与临时工相比，经济交换关系更低。

假设 2：正式员工与临时工相比，社会交换关系更高。

二、"双轨制"员工的工作行为差异

员工—组织关系可以通过不同的结果来衡量，如工作相关态度和行为。

不同的雇佣关系模式中，员工会有不同的心理反应（徐淑英等，1997）。Blau（1964）认为，社会性交换会带来责任、感激和信任等情感，单纯的经济交换缺乏此类作用。

组织公民行为没有被组织明确规定，也不受正式的奖励体系的鼓励。临时工从组织得到的都是正式合约上明确规定的经济和物质结果。根据社会交换理论的观点，合乎逻辑的推理是临时工所付出的也将是合约上明确规定付出的行为，员工较少表现出组织公民行为。正式员工与组织的交换关系更为广泛，不仅仅是经济交换，还有广泛的社会情感因素。组织对正式员工的培训和职业发展投资更为长期，基于更加信任的关系，作为回报，正式员工在做好本职工作以外，能够更多考虑组织的整体利益和长远发展，更乐于帮助其他同事的工作，更愿意参与组织活动来提升整体绩效。

当组织给予非标准雇佣员工更少的诱因（相对于标准雇佣员工），他们就会通过减少组织公民行为来回应。相关研究支持了这个结论（Konovsky 等，1994）。社会交换关系对组织公民行为是有益的，当组织在经济交换之外，给予更好的社会情感交换的时候，他们的工作行为就可能会做得比合约的要求更好，比如会帮助其他员工和组织。反之，如果组织把他们当作临时和边缘的员工来对待，他们就可能减少组织公民行为来获得平衡。但是对于标准员工来说，组织公民行为可能与态度没有关系，因为他们可能已经把组织公民行为当作职责的一部分（Van Dyne 等，1998）。

虽然根据理论推论，临时工较少表现出积极的工作结果，但是，Pearce（1993）的实证研究却发现，临时工也可能表现出较高水平的角色外行为。渴望成为正式员工的临时工在与企业的谈判中往往处于弱势，具有较低的讨价还价的能力（Nollen 和 Axel，1996）。当临时工想要成为正式员工的时候，他们可能更会被激励去展现出更多的积极态度以及高水平的绩效和合作行为，虽然从企业中得到这种回报的机会往往很少。但是，这也表明，临时工有表现出超越工作角色明确规定职责的动机。只要临时工的这种动机能够被很好地激发出来，他们

第五章 双轨用工制度影响员工绩效的理论模型构建

就可能表现出更多的角色外行为。当组织对处于相对弱势的临时工表现出超越纯经济交换关系的组织支持时,如积极的关注等社会交换关系,那么临时工将可能表现出更多的组织公民行为。Van Dyne 等(1998)提出,根据组织公民行为的界定,由于该行为是组织没有明确规定的,员工不会为没有投入组织公民行为而受到相应的制裁,因此组织公民行为更能看作是员工对于与企业发展的雇佣关系反映出的一种重要行为指标。当组织提供给临时工比正式员工更少的诱因时,临时工可能回报以拒绝或者是减少组织公民行为。一方面没有对企业产生直接的负面结果从而不会为此受到制裁;另一方面基于回报原则,自己也为得到较少的组织利益而付出较少的额外努力,以保持相对的公平感。Van Dyne、Graham 和 Dienesch(1994)也特别强调,社会交换关系对于组织公民行为产生积极的影响。临时工对于组织产生的态度相对不积极,包括较低的情感承诺和心理契约。根据正式员工和临时工的工作身份的不同,员工与组织之间发展起的交换协定可能有所不同。因为工作身份影响了员工对于义务和职责的知觉,包括在薪酬、福利、培训机会和晋升机会等方面。Moorman 和 Harland(2002)也指出,组织使用临时工面临着一个困境,一方面是组织保持灵活性劳动力队伍以减少固定成本的需要;另一方面又期望员工能够有超越职责规定的工作表现。对于临时工而言,关注于其组织公民行为表现是满足组织上述需要的一个重要内容。基于上述分析我们提出下面的假设:

假设3:正式员工与临时工相比,组织公民行为更多。

员工的角色内行为也是组织需要关注的工作行为。正式合同有清晰明了的工作任务和相应的报酬,员工关注的重点是工作任务的执行和报酬的获取。对于那些界定清楚的角色内行为,员工的完成情况一定会满足合同约定的要求,否则他们就得不到想要的报酬。但是除此之外,还有很多因素会影响工作绩效的高低。

(1)工作态度。工作态度影响绩效表现是一个广泛认可的关系，Marler 等（2002）认为临时工的绩效对工作满意度和承诺非常敏感，如果工作满意度和承诺低，则工作绩效更低。

(2)工作设计。工作质量和数量高低也可能受到工作设计的影响，如果在安排工作的时候，将更容易出成果的工作分配给正式员工，那么临时工的工作表现肯定受到限制（Pearce，1993），这种工作分配的区别对待是相当普遍的（Uzzi 和 Barsness，1998）。

(3)工作培训。工作培训也会大大影响工作绩效，临时工缺乏培训会导致工作绩效低下，不符合工作要求（Virtanen 等，2003），但是实践中很多时候临时工受培训的机会被忽视（Hanratty，2000；Kidder，1995）。基于以上分析，我们提出以下假设：

假设 4：正式员工与临时工相比，角色内行为更好。

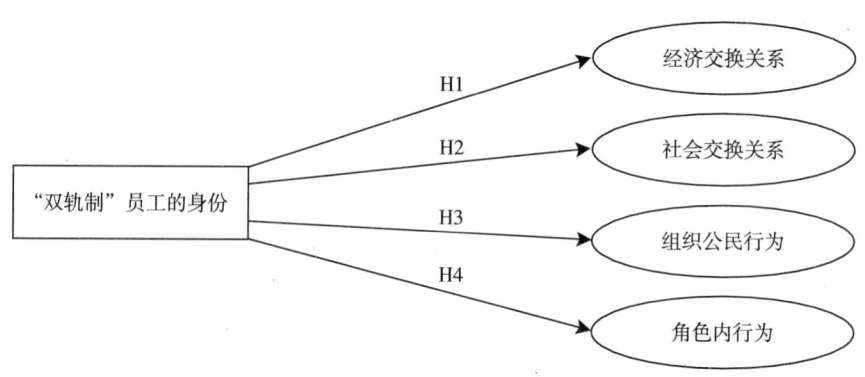

图 5-2　第一类假设的理论模型

第一类假设整理如图 5-2 所示。"双轨制"员工中，正式员工为计划内编制，雇佣关系为长期雇佣；非正式员工为合同内契约雇佣关系。在长期雇佣关系中，员工与组织建立其持续稳定的社会和情感交换，经济交换关系在长期雇佣中被弱化，有时候，暂时的低经济报酬可以被员工接受；短期雇佣中，员工没有动力和组织建立长期持续的社会和情感交换,员工组织关系建立在经济交换基础之上,员工容忍低报酬的程度较低。因此本书认为,正式员工相比于非正式员工,经济交换关系弱(H1),社会交换关系强(H2),组织公民行为高(H3),角色内行为更优(H4)。

三、交换关系的中介作用

中介作用解释的是一个关系背后的内部机制(陈晓萍等,2008)。以员工的组织公民行为为例,员工与组织的社会交换关系在员工身份和工作行为关系之间的作用如何?员工对交换关系的感知从雇员的角度进行测量,关注员工和组织之间交换关系的性质。心理契约(Rousseau,1995)和承诺(Meyer和Allen,1997)研究都认为,社会和经济交换是同时发生的。我们认为,员工的经济交换和社会交换的程度不同,每个交换过程都对员工的行为有独特的影响。经济和社会交换量表从四个方面进行区分,即信任、投资和义务、交换的即时性和财政、社会情感。这种测量方法与非此即彼的区分类型不同,如雇佣关系类型、社会或者经济类型。我们认为,当需要理解员工对雇佣关系性质和关系中反映出来的社会和经济交换程度的心理感知的时候,同时测量两种交换非常重要。已有一些研究证明,社会交换关系感知作为雇佣方式或者组织对待员工的方式、态度和行为时有中介作用(Shore等,2006;Song等,2009)。此外,也有一些研究,虽然没有直接验证社会交换作为中介,但是暗含了组织对待员工投资和信任的雇佣方式,对员工的态度和行为有积极影响(Tsui等,1997)。

临时雇佣关系中,员工只有有限的投资和关心,组织关注目前的、平等的交易,显然是短期的、经济型的交换。因为雇员得到的只是短期的投资和仅限于工作相关的责任要求,员工没有动力为组织作出更大贡献。员工可能仅仅实施分配给他们的任务，表现出很少的承诺和OCB。

长期雇佣关系中，雇员可以期待更为广泛的投资方式，这些方式有雇主通过明确的书面雇用合同（如利润分享计划或者雇用期限）或者含蓄地通过人力资源实践（如培训和职业发展）来实现。员工可能将雇主的投资雇佣方式解释为社会交换关系，因为这种方式标志着组织对雇员的信任和长期投资。雇主对雇员的广泛的期望，为员工提供了对组织目标的广泛理解。雇主对雇员慷慨的投资激发了员工自我激励和超越自我利益的动机。与回馈原则一致（Gouldner，1960；Wu等，2006），员工响应社会交换关系感知，强化与组织的社会情感联系，体现在提升情感承诺、提高任务绩效和更多的OCB等方面。

一些研究进一步发现，工作身份并不必然带来工作行为和态度之间的显著差异，中间可能存在着其他的影响因素（Tansky、Gallagher和Wetzel，1995；Kidder，1995）。临时工对于企业的依恋较少，其所强加的义务只是暂时的，是与从企业中得到的利益相联系。当个体感觉到他们受到组织良好的对待，他们更可能回报组织，通过帮助他人和组织以超越工作明确规定的最低要求。与其相对比，当临时工感觉组织对待他们只是短期的、临时的或者是可有可无的时候，他们回报的反应可能就是，仅仅完成工作职责规定的基本要求，并且最小化组织公民行为（Van Dyne等，1998）。虽然员工与企业之间的关系长期以来都被认为是一种交换关系，但是员工与组织之间发展起的交换关系可能是非常不同的，而这种不同的知觉对于员工行为产生着重要的影响作用（Shore、Tetrick、Lynch和Barksdale，2006）。Eisenberger、Fasolo和Davis-LaMastro（1990）指出，作为一种社会交换关系的反应，员工发展起与组织之间的承诺，一方面是基于企业交换方的组织支持知觉；另一方面则是员工交换方展现的持续承诺。

根据正式员工与企业的长期承诺，正式员工与企业形成的社会交换关系感知将作为对于企业正式雇佣方式与自身行为反应之间的中介。Organ 和 Ryan（1995）研究就发现，激发员工组织公民行为的一个重要因素是员工与组织之间建立起来的积极和长期的关系。正式员工与组织之间发展起的这种长期雇佣关系，使正式员工形成的社会交换关系感知将是正式员工超越明确工作职责基本规定要求的内在动力，包括工作职责内的优秀角色内表现和工作职责没有规定的角色外行为。Moorman、Blakely 和 Niehoff（1998）指出，当员工相信他们的表现是与组织对待他们的方式一致时，他们将表现出组织公民行为。在经济交换关系中，工作要求和期望是事先明确规定的，使得个体将更多关注于个人的成本和收益（Stamper 等，2001）。因此，临时工与组织之间发展起来的经济交换关系感知将使得临时工在组织对其的临时雇佣方式与自身的工作表现之间起着重要的过程影响作用。出于经济交换关系所关注的成本收益分析，临时工可能对于临时雇佣方式回报以尽可能少的付出，包括角色内行为和角色外行为。基于此，本书提出如下假设：

假设 5：经济交换关系感知对"双轨制"员工的身份和组织公民行为之间的关系起到中介作用。

假设 6：社会交换关系感知对"双轨制"员工的身份和组织公民行为之间的关系起到中介作用。

第二类假设整理如图 5-3 所示。如果不同身份的员工工作态度和行为是差异的，那么深入探讨影响员工绩效的中介作用非常有意义。在长期雇佣关系中，员工与组织建立其持续稳定的社会和情感交换，经济交换关系在长期雇佣中会被弱化，因此正式员工的组织公民行为更多；短期雇佣中，员工没有动力和组织建立长期持续的社会和情感交换，员工组织关系建立在经济交换基础之上，员工容忍低报酬的程度

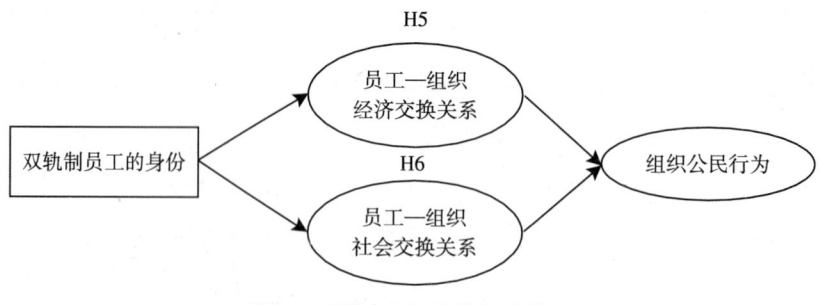

图 5-3 第二类假设的理论模型

较低,因此非正式员工的组织公民行为更少。即员工的社会交换关系和经济交换关系是身份影响组织公民行为差异的中介变量(H5、H6)。

四、身份意识的调节作用

调节作用解释的是一个关系在不同条件下是否会发生变化(陈晓萍等,2008)。仍然以员工的组织公民行为为例,身份意识在员工身份和工作行为关系之间的作用如何?身份意识是对身份认可和确定的程度,是身份在心理层面的反映。目前已有的经验研究认为,身份意识对个人心理和行为的影响深远。如费孝通在《生育制度》(1981)中指出,社会结构总是由不同身份所组成的,身份和身份意识使得社会交往秩序井然,社会结构稳定可靠。郭玉锦在他的著作《中国身份制及其潜功能研究》(2002)中,首次将身份意识可测量化,并推断员工的身份意识越强,身份规则对组织运行和个人在组织中的心理及行为影响也就越深刻,他认为这种影响有积极的一面,也有消极的一面。积极的一面表现在,身份意识强烈的员工,更加愿意遵守身份带来的秩序和规则;消极的作用体现在,由于不同雇佣关系身份附有人们看重的特殊生存和发展资源,人们对身份的重视和追求超过了对市场规则和法律制度的重视和遵循。

我国身份规则有以下显著特征：①人与人的先后次序远近亲疏关系由身份规则来确定，并且据此确定办事的顺序；②人受尊重的程度取决于身份及其资源；③身份规则高于其他社会规范甚至法律制度；④雇佣关系是一种人身依附关系而不是契约关系。这些身份规则对于市场规则下建立契约关系是有阻碍作用的，一旦没有得到正式身份，人们的心理失落感就会非常强烈，可能成为矛盾和对立的缘起，从而对工作相关态度和行为产生负面影响。

假设7：身份意识调节"双轨制"员工的身份对经济交换关系的影响。具体来说，身份意识越强，那么正式员工身份的员工组织经济交换感知越低，非正式员工经济交换感知越强。

假设8：身份意识调节"双轨制"员工的身份对社会交换关系的影响。具体来说，身份意识越强，那么正式员工身份的员工组织社会交换感知越高，非正式员工社会交换感知越低。

假设9：身份意识调节"双轨制"员工的身份对组织公民行为的影响。具体来说，身份意识越强，那么正式员工的组织公民行为越高，非正式员工的组织公民行为越低。

第三类假设整理如图5-4所示。如果不同身份的员工工作态度和行为是差异的，那么深入探讨影响员工绩效的调节作用非常有意义。

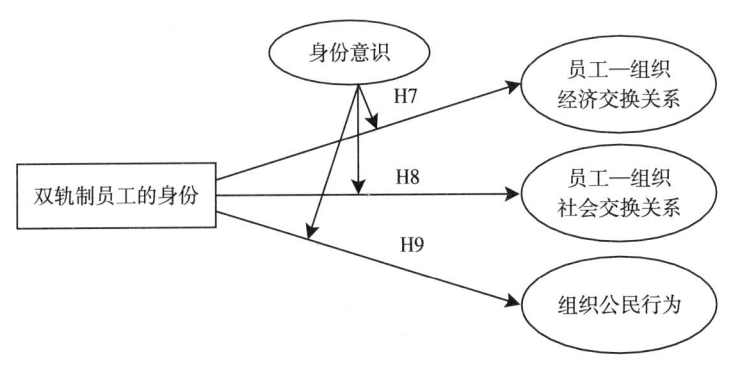

图5-4 第三类假设的理论模型

员工的身份意识调节客观身份对员工工作态度和行为的影响。当员工身份意识强烈时，会强化员工工作态度和行为。工作态度方面，强化员工组织交换关系差异，即高身份意识的员工，正式员工相对于非正式员工，经济交换关系更弱，社会交换关系更高（H7、H8）。工作行为方面，强化组织公民行为的差异，即高身份意识的员工，正式员工相对于非正式员工，组织公民行为更多（H9）。

第六章 实证研究的问卷设计及小样本调查

问卷调查是管理学研究获取数据最为普及的方法。此方法通过设计一套标准问卷，请具有代表性的受访者填写，从得到的答案来推断总体对于某个特定问题的态度或者行为反应。问卷调查最大的优点是能够在最短的时间内收集到足够的量化数据。然而问卷本身的质量和数据收集过程会直接影响研究质量。因此研究人员要在问卷设计上多下功夫。

第一节 问卷设计的原则和过程

一、问卷设计的原则

问卷设计要得到所需要的高质量资料，必须遵循一定原则和过程，尽可能设计周密，接近要研究的问题和假设。

关于问卷设计原则和过程，很多学者都提出了有益的建议。谢家琳（2008）认为，问卷设计要能够做到：大多数参与者认真阅读和回答所有问题；大多数参与者能够理解问卷中的问题；大多数参与者愿意提供真实答案。为了达到上述问卷设计的目的，以下若干方面是设计必须遵循的原则。

第一，问卷前言要对研究目的做介绍，强调问卷的匿名性和保密性。问卷前言非常重要，给予参与者对此问卷的第一印象，研究目的的介绍是为了获取参与人的理解，吸引其参与。而强调问卷的匿名性和保密性，则是为了打消其表达真实意愿的顾虑。此外，问卷前言还应该有答卷的具体要求（如要求回答每一个问题）、对答卷者的感激和研究人员的联系方式（陈晓萍等，2008）。

第二，问卷题项的语言清晰明确。用词准确是题项的最基本要求，这是参与人正确理解问题的前提。为了做到语言清晰明确，要求：①用语简单不复杂，如尽量避免双重的否定语；②不含混或暧昧，如涉及时间和对象类型的时候尽量明确；③语言浅显易懂，不超过受测者的领悟能力，如不用特殊或者专有名词（杨国枢等，2006）。

第三，一个问卷题项只表达一个意思。想要获取参与人迅速、准确的回答，必须一句话只用来表现单一意义。为了符合这一原则，应当避免使用双重意思的词句，或者避免将两个变量的因果关系或者递进关系等表述在同一个问题中。一个双重意义的问题会使得参与者迷惑，即使参与者选择了答案，研究者也无从了解答案是针对哪一个问题的。双重意义的题项，可以分离为至少两个问题来分别测量。

第四，量表所提问题保持客观中立。问卷题项本来是表现研究者的一种意向，但是如果这种意向比较主观和情绪化，将会影响参与者的思考，甚至产生自我防御，从而做出不真实的回答，所以应避免将自身的情绪和价值取向带入问题。方法上，尽量使用客观事实问题，避免主观和情绪化字句,避免诱导回答和心理暗示回答。

第五,涉及需要依赖记忆才能回答的问题,尽量缩短所需要记忆的时段。要求参与者追溯往事的问题,因为需要依赖记忆,可能会导致参与者反感或者产生有偏见的答案,所以尽量少用这些问题。如果必须用的话,则应该尽量缩短记忆时间段,如缩短到"近半年"。

第六,避免提出直接与社会期望相关的问题。一个社会都有公认的道德标准和行为准则,问卷所提问题触及这些标准和准则,很可能启动参与者自我保护或者自我服务的动机,使其从社会期望的角度来回答问题,从而掩盖自己的真实想法,引起反应偏差。因此尽量避免提出这类问题,以降低不真实答案引起的偏差。

二、问卷设计的过程

本调查研究主要采用参与者的自我报告方式填写问卷。为了提高问卷数据质量,尽量避免反应偏差,问卷设计过程采用了一些措施进行保障。尽量选择相对比较成熟的量表;对翻译的西方量表语言进行修正,符合中文的语言表达习惯;修订和完善所使用的量表。

第一,选择相对比较成熟的量表。在详尽的文献回顾之后,界定本书涉及构念的内涵,搜集国内外相关构念的测量量表。本书涉及的构念有员工与组织的经济和社会交换关系、身份意识、组织公民行为和角色内行为等,在充分的文献回顾基础上尽可能选择国内外学者广泛接受并使用的量表。这些量表具有较好的信度和效度,具有较强的文化普适性,如组织公民行为和角色内行为量表。

第二,改编翻译西方量表。本书使用的员工与组织的经济和社会交换关系原问卷为外文,需要进行英文至中文的翻译。为了确保翻译的中文版本能够表达原始量表的本意,本书采用了中英文回译程序

(Brislin, 1980)。首先请两位英文较好的管理学博士生将英文量表翻译成中文，其次再请另外两名博士生将中文量表重新翻译成英文，然后将翻译的英文量表和原始英文量表进行对照，最后与这些翻译者讨论差异较大的条目并进行重新翻译。

第三，修订和完善量表。与管理研究者共同讨论问卷的测量条目，对量表的语言和条目的顺序进行调整。尤其对于所选取的身份意识量表，基于本书的对象和目的进行了必要的修改。请一些员工试填问卷，并根据反馈对问卷进一步修订和完善，使语言更加精练准确，更易为参与者理解和接受。

第四，进行预调研问卷质量的检验。在小范围发放问卷，将小样本测试的数据进行信度和效度的分析。如果信效度不符合要求，则还需要结合理论分析修改和完善量表条目，重复"修订和完善量表"所需要的工作。如果信效度符合要求，则成为最终量表，作为正式调查问卷的组成部分。

第二节　变量的设计与测量

一、身份意识

身份意识的测量改编自郭玉锦（2002）的身份意识量表。原量表包括15个条目，考虑到调查对象为高校教职员工的工作自主权特点，原有题项"头说怎么干就怎么干"或者"同领导谈话时总有点紧张"

等，不太恰当，因此本书根据身份意识的内涵特征分析提取了九个条目。这些条目力求涵盖原四个方面的内涵特征：身份等级意识、身份差序意识、人身依附和追求身份名号。如条目1"一般来说，一个人向领导打招呼的态度，与一般同事是不一样的"主要测试身份等级意识，条目2"同样是处长，在单位的地位是不一样的"主要测试身份差序意识，条目4"我认为，人们都有巴结领导的行为倾向"主要测试人身依附，条目9"我真希望把我的子女培养成一个有高社会地位的人"主要测试追求身份名号。

改编除了条目的提取之外，在语义上的转换和语言上也进行了修改如表6-1所示。首先是语义上的转换，原有很多条目含义是测试群体的身份意识的，如"在我周围的人里，人们都有巴结领导的行为倾向"，或者"人们通常认为，当一个处长比当一个大学教师要好多了"，是描述群体身份意识。本书层次是员工个体的身份意识，因此需要在语义上进行转化，将原有条目分别改编为"我认为，人们都有巴结领导的行为倾向"，和"我认为，当一个处长比当一个大学教师要好多了"，这样就转变为个体层次的感知问题。其次是语言上的修改，将术语改为相近含义的普通用语（杨国枢等，2006），如"我真希望把我的子女培养成一个有高身份的人"中的"身份"属于专有名词，将其改为含义接近的"社会地位"，更容易被人理解。

表6-1 身份意识的测量条目

项　目
①一般来说，一个人向领导打招呼的态度，与一般同事是不一样的
②在社会生活中，宁可得罪君子，也不能得罪小人
③同样是处长，在单位的地位是不一样的
④他/她爸爸是大领导，小领导对他/她另眼看待是正常的
⑤在卡拉OK时，我们都夸奖我们头儿唱歌好听（即使并不好听）
⑥我认为，人们都有巴结领导的行为倾向
⑦我认为，当一个处长比当一个大学教师要好多了

续表

项 目
⑧在社会上生活，有一定的社会地位非常重要
⑨我真希望把我的子女培养成一个有高社会地位的人

二、经济交换关系和社会交换关系

经济交换关系和社会交换关系的构念目的在于揭示员工感知的交换过程。心理契约文献非常关注员工对交换关系的感知（Mowday、Porter 和 Steers，1982）。Eisenberge 及其同事们甚至认为，员工感知是社会交换关系最好的概念（Eisenberger 等，1990；Eisenberger 等，1986）。Rousseau（1995）在心理契约构念的传播中，也从员工的角度进行了深入研究，将员工的感知作为心理契约构念的重要组成部分，包括员工认识到组织对员工的各种义务，以及自身对组织的义务作为回报等方面。Shore 等（2006）认为可通过四个主要的特点对社会和经济交换进行区分：信任水平、投资程度、期限（长期或者短期）和关系的重点（社会情感或者纯粹的经济关系）。社会交换关系包括高水平的信任，提供广泛的投资，注重长期关系，关注关系中的社会情感（Shore 等，2006；Wu 等，2006）。相反，经济交换关系中信任水平和投资程度都低（Blau，1964），是短期、封闭和有明确界定的义务，雇主关注狭义的财政义务（如工资和福利），不关注对雇员长期的投资如雇佣安全和置业计划，经济交换重点不在社会情感结果。

经济交换关系和社会交换关系感知的量表来自 Shore 等（2006），经济交换关系量表包括八个项目，社会交换关系量表包括八个项目，其 α 系数分别为 0.78 和 0.87。由于原量表为英文，量表改编过程中经过中英文回译程序。Loi 等（2009）在"Management and Organization Review"中用过该量表，经济交换和社会交换关系的 α 系数分别为

0.77和0.89。Song等（2009）在"Journal of Management"中用过该量表，经济交换和社会交换关系的α系数分别为0.88和0.87。标注[R]的条目表示反向计分条目，如表6-2、表6-3所示。

表6-2 心理契约的经济交换关系的测量条目

项 目
①我与组织的关系完全是经济关系，我为组织工作，组织付我工资
②我不在乎从长远看组织能为我做什么，我只在乎现在它能为我做什么
③当我认为组织会为我付出更多时，我才想要为组织奉献得更多
④我十分在乎的是，组织给予的回报与我的贡献相对应
⑤我对组织的全部期望是：我的工作努力得到应有报酬
⑥最能准确描述我工作情况的话：我一天的工作对得起一天的工资
⑦我与组织的关系是不牵涉个人感情的——我在工作中很少投入感情
⑧我按照组织的要求工作，仅仅因为组织给我开工资

表6-3 心理契约的社会交换关系的测量条目

项 目
①组织已经付出很多来栽培我
②目前我工作上的付出将有益于我在组织中的长远发展
③在我与组织的关系中，有很多相互体谅和相互让步的时候
④我担心我为组织付出的努力得不到回报[R]
⑤我不介意现在努力工作，因为我知道组织最终会回报我
⑥我与组织的关系基于相互信任
⑦我尽力寻求组织利益最大化，因为我可以依靠组织来照顾我
⑧虽然我不一定总能从组织那里得到应有的表彰，但我知道我的努力终有回报

三、角色内行为

角色内行为在很多研究中作为与组织公民行为相区别的工作行为（Taber和Alliger，1995；Van Dyne等，1998）。对工作行为的测量必须要考虑使得某项活动看起来能满足工作的要求。比如说，能够遵守政策和程序、按时完成工作等诸如此类的行为，这些行为就是角色内行为所描述的工作行为。从界定上来说，角色内行为是指那些正式奖励机制下认可的和属于工作要求一部分的行为,包括职责行为和承担所期望的工作。角色内行为的测量取自 Williams 和 Anderson(1991)的量表,包括七个项目。Van Dyne,L.和 LePine,J.A.(1998)的研究使用过该量表,有较高的信度(0.97)。标注〔R〕的条目表示反向计分条目,如表6-4所示。

表6-4 角色内行为的测量条目

项 目
①我恰当地完成布置的工作任务
②我能履行工作描述中明确指定的责任
③我能完成被期望的任务
④我满足工作要求的行为表现
⑤参与可直接对我的绩效产生影响的活动
⑥经常忽视我有义务去做的工作〔R〕
⑦我不想承担最基本的工作责任〔R〕

四、员工援助行为

观察员工工作绩效的时候,相对于员工态度,员工工作行为由于稳定性更好而受到提倡(Hodson,1991)。员工工作行为中,组织公民行为受到极大关注,许多研究将组织公民行为视为与角色内行为无关的角色外行为。很多研究表明,角色内行为和组织公民行为的界限很分明,且对于所有员工来说组织公民行为都是一样的(Taber 和 Alliger,1995)。

组织公民行为测量采用 Van Dyne 等(1998)的援助行为量表,援助以人际和谐及建立工作关系的合作行为为特征,这种行为被认为是角色外行为。因为它们属于员工可以自由选择是否承担的工作行为,不属于正式工作内容。对援助的自我评价与同事和上司评估两两互成正相关，与角色内行为的作用相互独立，通过自我评估而得到的 α 系数为 0.85~0.95。量表包括七个项目，如表 6-5 所示。

表 6-5　员工援助行为的测量条目

项　目
①我主动自觉地为单位做事情
②我主动地帮助单位中的新员工
③我参与有利于单位的活动
④我为了单位的利益而协助单位的其他人员工作
⑤我与单位的利益共进退
⑥我帮助单位其他成员了解工作情况
⑦我帮助单位其他成员完成他们的工作职责

五、控制变量

在进行"双轨制"员工比较研究的时候，很多因素会影响结果而需要进行控制。大体分为三大类：环境因素、工作相关因素和个人因素。环境因素有国家和行业等；工作相关因素如专业地位和每周工作时间等；个人因素包括年龄、性别和教育程度等（Nele De Cuyper 等，2007）。

本书首先对环境进行了聚焦，只在高等院校内进行研究，控制了工作相关因素如岗位，控制了个人信息如年龄、性别、受教育程度和工作年限等（Stamper 等，2002；Van Dyne 等，1998）。因此本书在数据统计分析的时候共采用 5 个控制变量，即岗位、员工年龄、性别、受教育程度和工作年限等。控制变量处理方式分别如下：

（1）岗位采用虚拟变量进行处理，0 代表专业教师岗位，1 代表辅导员和行政岗位（辅导员和行政岗位人员都是坐班制，在同事交流频次方面相似，因此合并为一类）。

（2）性别采用虚拟变量进行处理，0 代表女，1 代表男。

(3) 年龄分为6组：1为20岁以下，2为20~30岁，3为31~40岁，4为41~50岁，5为51–55岁，6为56岁及以上六组。

(4) 受教育程度分为5个层次：1为高中及高中以下，2为大专，3为本科，4为硕士，5为博士。

(5) 工作年限分为6个层次：1为6个月以下，2为6个月到1年，3为1~3年，4为3~5年，5为5~10年，6为10年以上。

第三节 小样本测试与量表检验

小样本测试主要是为了检验量表的信度和效应，并根据小样本测试修订以确定正式施测量表。本书中，身份意识测量量表是对原始量表进行了条目的删减和语句修改，其信度和效度需要进一步检验；员工与组织的经济交换和社会交换关系感知量表、角色内行为和援助行为都是从英文量表经过回译过程得到的。因此，首先将各个变量进行探索性因素分析（侯杰泰等，2004），采用SPSS16.0对数据进行数据处理。① 小样本测试共计回收问卷220份，其中有效问卷179份，有效问卷回收率为81.4%。

一、身份意识的信度分析和探索性因素分析

本书采用探索性因素分析对身份意识测量进行统计分析，通过主

---

① 侯杰泰等. 结构方程模型及其应用 [M]. 北京：教育科学出版社，2004.

成分法经极大方差旋转提取因子，以特征值大于 1 作为因子提取的标准。分析结果显示，身份意识是一个单因素的结构，只抽取了一个因素，其具体结果如表 6-6 所示。身份意识的九个项目，对方差的解释量为 53.662%，Cronbach α 内部一致性系数为 0.883，说明问卷具有良好的解释力度和信度。

表 6-6 身份意识的信度分析和探索性因素分析结果

项 目	因子负荷
①一般来说，一个人向领导打招呼的态度，与一般同事是不一样的	0.563
②在社会生活中，宁可得罪君子，也不能得罪小人	0.511
③同样是处长，在单位的地位是不一样的	0.643
④他/她爸爸是大领导，小领导对他/她另眼看待是正常的	0.714
⑤在卡拉 OK 时，我们都夸奖我们头儿唱歌好听（即使并不好听）	0.696
⑥我认为，人们都有巴结领导的行为倾向	0.739
⑦我认为，当一个处长比当一个大学教师要好多了	0.607
⑧在社会上生活，有一定的社会地位非常重要	0.869
⑨我真希望把我的子女培养成一个有高社会地位的人	0.813
解释的变异量（%）	53.662
Cronbach α 系数	0.883

二、经济和社会交换关系的信度分析和探索性因素分析

对经济交换关系进行探索性因素分析，通过主成分法经极大方差旋转提取因子，以特征值大于 1 作为因子提取的标准。经济交换关系具体结果如表 6-7 所示。经济交换关系的八个项目，对方差的解释量为 63.844%，Cronbach α 内部一致性系数为 0.918，说明问卷具有良好的解释力度和信度。

对社会交换关系进行探索性因素分析，采用极大方差旋转提取因子，以特征值大于 1 作为提取因子的标准。社会交换关系具体结果如表 6-8 所示。社会交换关系的八个项目，对方差的解释量为 60.73%，

表 6-7 经济交换关系的信度分析和探索性因素分析结果

项 目	因子负荷
①我与组织的关系完全是经济关系,我为组织工作,组织付我工资	0.723
②我不在乎从长远看组织能为我做什么,我只在乎现在它能为我做什么	0.795
③当我认为组织会为我付出更多时,我才想要为组织奉献得更多	0.705
④我十分在乎的是,组织给予的回报与我的贡献相对应	0.800
⑤我对组织的全部期望是:我的工作努力得到应有报酬	0.684
⑥最能准确描述我工作情况的话是:我一天的工作对得起这一天的工资	0.830
⑦我与组织的关系是不牵涉个人感情的——我在工作中很少投入感情	0.767
⑧我按照组织的要求工作,仅仅因为组织给我开工资	0.818
解释的变异量（%）	63.844
Cronbach α 系数	0.918

Cronbach α 内部一致性系数为 0.906，说明问卷具有良好的解释力度和信度。

表 6-8 社会交换关系的信度分析和探索性因素分析结果

项 目	因子负荷
①组织已经付出很多来栽培我	0.629
②目前我工作上的付出将有益于我在组织中的长远发展	0.811
③在我与组织的关系中,有很多相互体谅和相互让步的时候	0.750
④我担心我为组织付出的努力得不到回报 [R]	0.539
⑤我不介意现在努力工作,因为我知道组织最终会回报我	0.782
⑥我与组织的关系基于相互信任	0.837
⑦我尽力寻求组织利益最大化,因为我可以依靠组织来照顾我	0.739
⑧虽然我不一定总能从组织那里得到应有的表彰,但我知道我的努力终有回报	0.827
解释的变异量（%）	60.73
Cronbach α 系数	0.906

三、角色内行为的信度分析和探索性因素分析

本书采用探索性因素分析对角色内行为测量进行统计分析，通过主成分法提取因子，以特征值大于 1 作为因子提取的标准。因素分析结果显示角色内行为是一个单因素的结构，其具体结果如表 6-9 所示，包括七个项目，对方差的解释量为 69.543%，Cronbach α 内部一致性

系数为 0.927，说明问卷具有良好的解释力度和信度。

表 6-9 角色内行为的信度分析和探索性因素分析结果

项目	因子负荷
①我恰当地完成布置的工作任务	0.845
②我能履行工作描述中明确指定的责任	0.873
③我能完成被期望的任务	0.867
④我满足工作要求的行为表现	0.810
⑤参与可直接对我的绩效产生影响的活动	0.770
⑥经常忽视我有义务去做的工作 [R]	0.731
⑦我不想承担最基本的工作责任 [R]	0.705
解释的变异量 (%)	69.543
Cronbach α 系数	0.927

四、员工援助行为的信度分析和探索性因素分析

探索性因素分析结果显示员工援助行为是一个单因素的结构，通过主成分法提取因子，以特征值大于 1 作为因子提取的标准。其具体结果如表 6-10 所示。员工援助行为量表对方差的解释量为 66.016%，量表的 Cronbach α 内部一致性系数为 0.909，说明问卷具有良好的解释力度和信度。

表 6-10 员工援助行为的信度分析和探索性因素分析结果

项目	因子负荷
①我主动自觉地为单位做事情	0.711
②我主动地帮助单位中的新员工	0.794
③我参与有利于单位的活动	0.919
④我为了单位的利益而协助单位的其他人员工作	0.778
⑤我与单位的利益共进退	0.766
⑥我帮助单位其他成员了解工作情况	0.774
⑦我帮助单位其他成员完成他们的工作职责	0.595
解释的变异量 (%)	66.016
Cronbach α 系数	0.909

第七章 实证研究的正式调查与假设检验

第一节 样本来源和描述性统计

一、样本来源

本书正式调查的样本来源于江苏南京的某所高校。正式调查数据需要控制组织文化和其他人力资源管理措施等情况,组织的样本可以避免这些变量的影响。样本来自两个途径:一是利用学校教师的电子邮箱信息,实名向教师个人发送电子问卷,剔除无效问卷,共回收有效问卷258份;二是委托学校相关部门和人员,根据自身情况代为发放,共发放纸质问卷220份,剔除未回收问卷和无效问卷,有效问卷91份。以上问卷都强调问卷信息的匿名性和个人真实意愿表达。问卷剔除标准共有四条:缺省值超过1/3;卷面数值规律性,如出现连续数值 123456，或者 654321，只要发现一处即作为废卷；居中选择，如一个构念的选项都是居中值 3 或者 4，即为废卷；非理性，多处出现正向和反向条目同方向数值即为废卷。

样本总数为 349 份，样本构成如表 7-1 所示：

表 7-1　样本构成表（N=349）

变　量	类　别	人　数	所占比例（%）
工作身份	事业编制	263	75.4
	非事业编制	86	24.6
个人意愿	事业编制	315	90.3
	非事业编制	34	9.7
性别	男	163	46.7
	女	186	53.3
年龄	20 岁以下	4	1.1
	20~30 岁	42	12.0
	31~40 岁	220	63.0
	41~50 岁	69	19.8
	51~55 岁	6	1.7
	56~60 岁	8	2.3
婚姻状况	未婚	38	10.9
	已婚	311	89.1
子女数	0 个	86	24.6
	1 个	248	71.1
	2 个	15	4.3
	3 个	0	0
	4 个	0	0
	5 个及以上	0	0
最高学历	高中及以下	0	0
	大专	0	0
	本科	50	14.3
	硕士	203	58.2
	博士	96	27.5
月收入	1000~2000 元	4	1.1
	2001~4000 元	177	50.7
	4001~6000 元	126	36.1
	6001~10000 元	32	9.2
	10001 元以上	10	2.9

续表

变　量	类　别	人　数	所占比例（%）
专业技术职称	无职称	8	2.3
	初级职称	28	8.0
	中级职称	211	60.5
	高级职称	102	29.2
工作年限	6个月以下	8	2.3
	6个月~1年	12	3.4
	1~3年	29	8.3
	3~5年	36	10.3
	5~10年	120	34.4
	10年以上	144	41.3
行政管理职务	无管理职务	210	60.2
	基层管理职务	119	34.1
	中层管理职务	19	5.4
	高层管理职务	1	0.3
工作岗位	专业教师	190	54.4
	辅导员+行政岗位	159	45.6

二、描述性统计

描述性分析涉及变量之间的相关关系，以及各变量的最大值、最小值、平均值以及标准方差（见表7-2）。

身份与经济交换、社会交换和援助行为相关，其中与经济交换负相关（r = –0.149，p < 0.01），与社会交换正相关（r = 0.174，p < 0.01），与援助行为正相关（r = 0.417，p < 0.01）。这说明员工身份与经济交换、社会交换和援助行为之间具有互动关系，可以进行预测或者因果性的分析（邱皓政，2009）。

身份意识与个人意愿负相关（事业编制编码为1，非事业编制为2）（r = –0.123，p < 0.05），说明身份意识越高，越可能选择事业编制。身份意识的均值为4.31（编码越高，身份意识越高），方差为1.115，表明样本对象的身份意识普遍较高。个人意愿均值1.18（编码1为事业

编制，2 为雇员制，3 为其他），方差 0.568，表明样本对象个人意愿普遍选择事业编制。

身份与岗位相关（r = −0.331，p < 0.01），这说明目前该高校辅导员和行政人员（编码为 1）相比于教师（编码为 0），没有编制的人员更多。性别（男性编码为 1，女性为 2）与援助行为负相关（r = −0.121，p < 0.05），说明男性相对于女性，越可能表现出较多的援助行为。受教育程度（本科编码为 3，硕士 4，博士 5）在 3~5 之间，说明样本学历偏高，反映了高校员工的特点。受教育程度与经济交换负相关（r = −0.164，p < 0.01），与社会交换正相关（r = 0.127，p < 0.05），与援助行为正相关（r = 0.129，p < 0.05），说明了受教育程度与经济交换、社会交换和援助行为的互动关系。职称（无职称编码为 1，初级为 2，中级为 3，高级为 4），均值为 3.17，方差 0.662，说明样本职称偏高。职称与经济交换负相关（r = −0.151，p < 0.01），与社会交换正相关（r = 0.127，p < 0.05），与援助行为正相关（r = 0.150，p < 0.01），说明了受教育程度与经济交换、社会交换和援助行为的互动关系。收入（编码越大，收入越高）与经济交换负相关（r = −0.121，p < 0.05），与社会交换正相关（r = 0.127，p < 0.05），说明了收入与经济交换和社会交换的互动关系。调查对象的工作期限比较集中在 1~10 年有关（均值为 4.95，方差为 1.235），管理职务集中在无管理职务和基层管理职务两类（均值为 1.46，方差为 0.613）。

第七章 实证研究的正式调查与假设检验

表7-2 样本描述性统计表

	1	2	3	4	5	6	7	8	9	10	11	12	13	14	15	16	17	最小值	最大值	平均值	标准方差
1.经济交换																		1.12	5.62	3.09	1.367
2.社会交换	-0.802**																	1.00	5.62	3.91	1.153
3.身份意识	0.192**	-0.162**																1.44	6.00	4.31	1.115
4.援助行为	-0.603**	0.582**	-0.139**															1.14	6.00	4.14	1.101
5.角色内行为	0.099	-0.139**	0.266**	0.080														1.71	6.00	4.90	0.733
6.身份	-0.149**	0.174**	-0.048	0.417**	-0.064													0.00	1.00	0.75	0.432
7.岗位	0.141**	-0.054	0.061	-0.129*	0.116*	-0.331**												0.00	1.00	0.46	0.499
8.个人意愿	-0.092	0.107*	-0.123*	0.082	0.045	-0.003	-0.012											1.00	3.00	1.18	0.568
9.性别	0.049	0.041	0.029	-0.121*	-0.078	-0.069	0.003	0.029										1.00	2.00	1.53	0.500
10.年龄	-0.104	0.089	-0.040	0.055	-0.024	-0.029	-0.044	-0.052	0.005									1.00	6.00	3.16	0.785
11.婚姻	0.096	-0.060	0.020	-0.082	0.004	-0.050	0.043	-0.082	0.042	0.305**								1.00	2.00	1.89	0.312
12.子女数	-0.013	0.040	0.026	0.022	-0.007	-0.100	0.154**	-0.020	0.090	0.435**	0.374**							0.00	2.00	0.80	0.499
13.教育程度	-0.164**	0.127**	-0.075	0.129*	0.055	0.046	-0.018	-0.027	-0.159**	0.045	0.073	0.185**						3.00	5.00	4.13	0.634
14.职称	-0.151**	0.127**	-0.085	0.150**	0.053	-0.057	0.066	-0.127**	-0.121*	0.530**	0.325**	0.503**	0.441**					1.00	4.00	3.17	0.662
15.收入	-0.121*	0.127**	-0.015	0.047	-0.044	-0.066	0.195**	-0.126*	-0.155**	0.494**	0.088	0.345**	0.338**	0.576**				1.00	5.00	2.62	0.785
16.工作期限	-0.020	0.081	0.000	-0.018	0.038	-0.148**	0.155**	0.018	0.142**	0.518**	0.343**	0.365**	-0.046	0.464**	0.303**			1.00	6.00	4.95	1.235
17.管理职务	0.154**	-0.100	0.124**	-0.074	0.117*	-0.050	0.142**	-0.176**	-0.115*	0.166**	0.036	0.212**	0.162**	0.216**	0.323**	0.233**		1.00	4.00	1.46	0.613

注：*p<0.05，**p<0.01，***p<0.001。

双轨用工制度对员工绩效的影响

第二节 多重共线性和同源方差检验

应用回归模型分析经济管理问题往往有多重共线性和同源方差问题，本书涉及回归分析，因此需要分析回归模型的多重共线性和同源方差情况。

一、多重共线性分析

多重共线性（Multi Collinearity）是指多个变量有共同点变化趋势，如果数据存在多重共线性，就有可能得出不真实的结论。多重共线性可以用容忍度（Tolerance）、方差膨胀因子（Variance Inflation Factor，VIF）和条件指数（Conditional Index，CI）来进行判断。其中，容忍度和VIF表示个别解释变量之间的共线性检验，CI表示整体回归模型的共线性诊断（邱皓政，2009）。容忍度越小，说明共线性问题越严重；方差膨胀因子是容忍度的倒数，因此方差膨胀因子越大，说明共线性问题越严重；条件指数越大，表示共线性越严重。一般认为，方差膨胀因子VIF在0~10，不存在多重共线性；当在10~100，存在较强的多重共线性；当在100以上的时候，存在严重多重共线性。CI值低于30，表示共线性问题缓和；在30~100，表示回归模型具有中度共线性；在100以上表示严重的共线性（Belsley，1991）。

以援助行为为结果变量，统计个别解释变量（包括控制变量）之间的共线性情况，其容忍度和方差膨胀因子数值如表7-3所示。

第七章 实证研究的正式调查与假设检验

表7-3 个别解释变量之间共线性统计

	变量名	容忍度	方差膨胀因子
解释变量	经济交换关系	0.347	2.879
	社会交换关系	0.335	2.986
控制变量	身份意识	0.952	1.050
	身份	0.767	1.303
	性别	0.787	1.270
	年龄	0.664	1.506
	受教育程度	0.901	1.109
	工作年限	0.613	1.631

以援助行为为结果变量,统计整体回归模型的共线性情况,其共线性诊断数值如表7-4所示。

表7-4 整体模型的共线性诊断

维度	CI	方差比例								
		常数	经济交换	社会交换	身份意识	身份	性别	年龄	受教育程度	工作年限
1	1.000	0.00	0.00	0.00	0.00	0.00	0.00	0.00	0.00	0.00
2	4.406	0.00	0.02	0.00	0.00	0.54	0.01	0.00	0.00	0.00
3	6.478	0.00	0.16	0.03	0.00	0.27	0.00	0.01	0.00	0.00
4	9.789	0.00	0.00	0.00	0.13	0.02	0.58	0.00	0.03	0.00
5	12.793	0.00	0.05	0.01	0.42	0.00	0.24	0.17	0.00	0.05
6	14.213	0.00	0.05	0.06	0.37	0.03	0.00	0.10	0.20	0.06
7	18.944	0.00	0.25	0.55	0.01	0.11	0.09	0.00	0.42	0.00
8	22.362	0.00	0.00	0.00	0.01	0.00	0.09	0.64	0.00	0.85
9	41.973	0.99	0.46	0.34	0.05	0.02	0.00	0.08	0.36	0.04

由个别解释变量的共线性估计数值来看,容忍度最小为0.335,最大值为0.952,VIF均小于10,表明个别变量之间的共线性问题缓和。从整体模型的共线性诊断来看,条件指标最大值为41.973,虽然大于30,但是解释变量(经济交换、社会交换、身份意识和身份)以及各个控制变量的方差比例较小,因此认为模型的共线性问题不太严重(邱皓政,2009)。

结合个别解释变量和整体模型的共线性分析,可以认为本书中的共线性问题比较缓和，回归分析结果受到共线性影响的程度较低。

二、同源方差检验

同源方差属于系统偏差，是指由于数据来源相同或由于测试环境相同等因素造成的预测变量与效标变量之间人为的共变现象。本书的问卷设计所涉及的变量都是由同一个被测者来评价的，由于数据来源相同，所以可能存在同源方差问题。为此，我们在进行数据分析时，只能通过统计控制来检验同源方差存在的程度。

根据Podsakoff等（2003）的研究方法，我们采用Harman单因素检验法对所获得的数据进行检验，以确认本书所涉及的变量之间不存在同源方差。通过主成分分析，并按照特征根大于1的标准提取因子，结果如表7-5所示，共析出六个因子，解释了总方差的73.625%，其中第一因子解释了总方差的34.999%。因为析出了多个因子，因此不存在任何一个因子能够单独解释总方差大部分变异的情况，且第一个公因子解释了不到35%的方差。所以，我们认为本书所涉及的变量并不存在严重的同源方差问题。

表7-5 同源方差检验

成分	初始特征值			提取的载荷平方和		
	合计	方差的百分比	累积（%）	合计	方差的百分比	累积（%）
1	13.999	34.999	34.999	13.999	34.999	34.999
2	6.508	16.270	51.269	6.508	16.270	51.269
3	3.812	9.529	60.798	3.812	9.529	60.798
4	2.548	6.370	67.168	2.548	6.370	67.168
5	1.401	3.502	70.670	1.401	3.502	70.670
6	1.182	2.955	73.625	1.182	2.955	73.625
7	0.747	1.866	75.491			
…	…	…	…			
38	0.110	0.276	99.580			

续表

成分	初始特征值			提取的载荷平方和		
	合计	方差的百分比	累积（%）	合计	方差的百分比	累积（%）
39	0.108	0.270	99.850			
40	0.060	0.150	100.000			

提取方法：主成分分析

第三节 量表的信度和效度检验

利用数据对理论模型进行检验的前提是对量表的信度（Reliability）和效度（Validity）进行评价，这是数据质量高低的两类指标，是统计结论可靠程度的保障指标。在统计学中，信度是测量的可靠性，用测量结果的一致性（Consistency）或者稳定性（Stability）来表示。效度是测量的准确性，指的是测量能够测到它所想测量的构念的程度（邱皓政，2009）。本书信度的分析采用内部一致性信度（Coefficient of Internal Consistency）和组合信度（Composite Reliability）两个指标，内部一致性信度运用 SPSS16.0 分析工具计算，组合信度通过 AMOS18.0 分析工具计算；效度分析采用包括聚合效度（Convergent Validity）、区分效度（Discriminate Validity）和内容效度（Content Validity）三个方面的效度指标，应用结构方程模型的验证性因子分析方法进行检验，依赖 AMOS18.0 软件工具分析。

一、内部一致性信度分析

内部一致性信度直接计算测验题目内部之间的一致性,数值在 0~1,数值越大,表明内部一致性信度越高(邱皓政,2009)。本书通过 SPSS18.0 统计软件运算,各个变量内部一致性信度数据如表 7-6~表 7-10 所示。

表 7-6 身份意识的信度分析

项 目	因子负荷
①一般来说,一个人向领导打招呼的态度,与一般同事是不一样的	0.851
②在社会生活中,宁可得罪君子,也不能得罪小人	0.810
③同样是处长,在单位的地位是不一样的	0.886
④他/她爸爸是大领导,小领导对他/她另眼看待是正常的	0.850
⑤在卡拉 OK 时,我们都夸奖我们头儿唱歌好听(即使并不好听)	0.765
⑥我认为,人们都有巴结领导的行为倾向	0.838
⑦我认为,当一个处长比当一个大学教师要好多了	0.833
⑧在社会上生活,有一定的社会地位非常重要	0.845
⑨我真希望把我的子女培养成一个有高社会地位的人	0.771
解释的变异量(%)	68.646
Cronbach α 系数	0.942

身份意识为单因子变量,各测量条目的因子负荷都大于 0.7,内部一致性系数为 0.942,说明身份意识的测量量表符合信度要求。

表 7-7 经济交换关系的信度分析

项 目	因子负荷
①我与组织的关系完全是经济关系,我为组织工作,组织付我工资	0.894
②我不在乎从长远看组织能为我做什么,我只在乎现在它能为我做什么	0.892
③当我认为组织会为我付出更多时,我才想要为组织奉献得更多	0.784
④我十分在乎的是,组织给予的回报与我的贡献相对应	0.885
⑤我对组织的全部期望是:我的工作努力得到应有报酬	0.820
⑥最能准确描述我工作情况的话是:我一天的工作对得起这一天的工资	0.887
⑦我与组织的关系是不牵涉个人感情的——我在工作中很少投入感情	0.845

项　目	因子负荷
⑧我按照组织的要求工作，仅仅因为组织给我开工资	0.876
解释的变异量（%）	74.159
Crenbach α 系数	0.95

经济交换关系感知为单因子变量，各测量条目的因子负荷都大于0.7，内部一致性系数为0.95，说明经济交换关系的测量量表符合信度要求。

表7-8　社会交换关系的信度分析

项　目	因子负荷
①组织已经付出很多来栽培我	0.853
②目前我工作上的付出将有益于我在组织中的长远发展	0.894
③在我与组织的关系中，有很多相互体谅和相互让步的时候	0.874
④我担心我为组织付出的努力得不到回报 [R]	0.786
⑤我不介意现在努力工作，因为我知道组织最终会回报我	0.863
⑥我与组织的关系基于相互信任	0.838
⑦我尽力寻求组织利益最大化，因为我可以依靠组织来照顾我	0.814
⑧虽然我不一定总能从组织那里得到应有的表彰，但我知道我的努力终有回报	0.853
解释的变异量（%）	71.814
Cronbach α 系数	0.944

社会交换关系感知为单因子变量，各测量条目的因子负荷都大于0.7，内部一致性系数为0.944，说明社会交换关系的测量量表符合信度要求。

表7-9　角色内行为的信度分析

项　目	因子负荷
①我恰当地完成布置的工作任务	0.791
②我能履行工作描述中明确指定的责任	0.894
③我能完成被期望的任务	0.853
④我满足工作要求的行为表现	0.781
⑤参与可直接对我的绩效产生影响的活动	0.672
⑥经常忽视我有义务去做的工作 [R]	0.539
⑦我不想承担最基本的工作责任 [R]	0.649
解释的变异量（%）	56.103
Cronbach α 系数	0.850

角色内行为为单因子变量,各测量条目的因子负荷都大于0.5,内部一致性系数为0.85,说明角色内行为的测量量表符合信度要求。

表 7-10　员工援助行为的信度分析

项　目	因子负荷
①我主动自觉地为单位做事情	0.899
②我主动地帮助单位中的新员工	0.906
③我参与有利于单位的活动	0.898
④我为了单位的利益而协助单位的其他人员工作	0.910
⑤我与单位的利益共进退	0.865
⑥我帮助单位其他成员了解工作情况	0.890
⑦我帮助单位其他成员完成他们的工作职责	0.823
解释的变异量(%)	78.278
Cronbach α 系数	0.954

员工援助行为为单因子变量,各测量条目的因子负荷都大于0.8,内部一致性系数为0.954,说明角色内行为的测量量表符合信度要求。

二、验证性因子分析和测量模型检验

本书通过验证性因子分析检验组合信度、聚合效度和区分效度。根据 Anderson 和 Gerbing (1988),在进行验证性因子分析的时候,应该首先对测量模型进行检验,当结构方程模型的拟合指标达到一定要求的时候,才能进行下去。本书使用 AMOS18.0 分析测量模型。

表 7-11 共有五个测量变量,共 39 个条目,349 个有效样本点,高于 5∶1 的参量比率 (Byrne, 1994)。表 7-12 给出了模型的拟合指标,结果显示模型拟合指标虽然不是理想,但是 $\chi^2/df = 3.3$,RMSEA 接近 0.08,我们接受基础模型。

表 7-11 研究变量的因子负荷

因子	条目	λ（标准化因子载荷）	θ（测量误差）
经济交换关系	Item1	0.878	0.037
	Item2	0.903	0.074
	Item3	0.725	0.142
	Item4	0.895	0.037
	Item5	0.877	0.086
	Item6	0.772	0.098
	Item7	0.806	0.095
	Item8	0.840	0.097
社会交换关系	Item1	0.828	0.086
	Item2	0.885	0.058
	Item3	0.858	0.063
	Item4	0.750	0.111
	Item5	0.840	0.063
	Item6	0.812	0.074
	Item7	0.780	0.078
	Item8	0.830	0.067
援助行为	Item1	0.884	0.041
	Item2	0.891	0.038
	Item3	0.883	0.046
	Item4	0.841	0.056
	Item5	0.897	0.035
	Item6	0.868	0.045
	Item7	0.782	0.066
角色内行为	Item1	0.756	0.052
	Item2	0.906	0.024
	Item3	0.825	0.046
	Item4	0.736	0.058
	Item5	0.638	0.078
	Item6	0.425	0.111
	Item7	0.543	0.072
身份意识	Item1	0.828	0.102
	Item2	0.784	0.065
	Item3	0.882	0.034
	Item4	0.831	0.088
	Item5	0.729	0.105
	Item6	0.815	0.069
	Item7	0.806	0.090
	Item8	0.823	0.070
	Item9	0.736	0.102

表 7–12　验证性因子分析的拟合指标比较

模型	因子	χ^2	df	GFI	PRATIO	AGFI	CFI	RMSEA
零模型	所有因子相互独立	13241.082	741					
基础模型	五因子	2285.579	692	0.741	0.934	0.709	0.873	0.081

在基础模型中，所有的因子载荷都高度显著（$p < 0.001$），并且标准化后最小的因子载荷除了一个条目，其他因子载荷都高于 0.5，在可以接受的标准内（Tabachnica 和 Fidell，2007）。其中，经济交换关系、社会交换关系、援助行为和身份意识的因子载荷都大于 0.7，高于 0.55 的良好标准。说明这一测量模型中各潜变量的测量条目具有比较好的聚合效度（荣泰生，2009）。后文我们将在结构方程模型分析的基础上，进行更为详细的量表信度和效度分析。

三、组合信度分析

根据信度的定义，推导出"观察变量与真实变量的相关系数"，就是组合信度（Kenneth 的个人空间，2008）。① 组合信度通过观察变量的标准化因子载荷（在潜变量上的标准化参数）和观察变量的测量误差来计算各个构念的组合信度。组合信度一般要求大于 0.6（Bagozzi 和 Yi，1988）。

组合效度计算公式为：

$$\rho_c = (\sum \lambda)^2 / [(\sum \lambda)^2 + \sum \theta]$$

其中：ρ_c——组合信度；

---

① Kenneth 的个人空间. http: //community.chinahrd.net/home.php? mod=space & uid=35543 & do=blog & id = 39932008。

λ——标准化因子载荷；

θ——观察变量的测量误差。

根据上述公式，身份意识、经济交换和社会交换关系感知、员工援助行为和角色内行为的组合信度计算如表 7-13 所示。由各构念的组合信度数值可知符合要求，构念的观察值与真实值具有较高的一致性。

表 7-13 构念的组合信度

构　念	维　度	组合信度
经济交换关系	经济交换关系	0.985
社会交换关系	社会交换关系	0.986
援助行为	援助行为	0.991
角色内行为	角色内行为	0.981
身份意识	身份意识	0.986

四、聚合效度检验

聚合效度也叫收敛效度，可以通过潜变量的方差占到测量方差的比例（Average Variance Extracte，AVE）来测量各个构念的聚合效度。一般来说，AVE 要在 0.5 之上，表示真方差占到总方差的一半以上，表示潜变量的测量有足够的聚合效度（Kenneth 的个人空间，2008）。聚合效度的计算公式为：

$$\rho_v = \sum \lambda^2 / (\sum \lambda^2 + \sum \theta)$$

其中：ρ_v——平均方差抽取量；

λ——标准化因子载荷；

θ——观察变量的测量误差。

根据上述公式，身份意识、经济交换和社会交换关系感知、员工援助行为和角色内行为的聚合效度计算如表 7-14 所示。由各构念的聚合效度数值可知符合要求，构念的观察值在预测真实值方面具有较高的准确性。

表 7-14　构念的聚合效度

构　念	维　度	AVE（聚合效度）
经济交换关系	经济交换关系	0.894
社会交换关系	社会交换关系	0.900
援助行为	援助行为	0.941
角色内行为	角色内行为	0.888
身份意识	身份意识	0.889

五、区分效度检验

区分效度是指在测量不同构念的时候，所观测到的数值之间能够进行区分。通常采用两种方法对区分效度进行检验。第一种方法是运用结构方程模型进行因子模型比较，根据不同因子模型的拟合指标判定因子结构的拟合优化程度。在得到最好的潜变量个数模型后，进行第二种检验方法（梁建等，2008）。第二种方法是运用潜变量 AVE 的均方根与变量之间相关系数比较，如果前者大于后者，表明潜变量与其测量条目共有的方差大于和其他潜变量共有的方差，那么变量之间就有区分性（杨志蓉，2006）。研究中采用潜变量 AVE 的平方根与其他潜变量之间相关系数进行比较的方法，如果两个潜变量相关系数小于比较的潜变量 AVE 的平方根，则认为具有较为满意的区分效度（Fornell 和 Larcker，1981）。

本书首先构建不同因子结构的测量模型，运用验证性因子分析比较不同模型的拟合指数。单因子结构是将所有测量项目合并为一个因子进行模型测量；双因子结构是将经济交换、社会交换关系和身份意识合并为一个因子，角色内行为和援助行为合并为一个因子，建立双因子结构模型；三因子结构是将经济交换和社会交换关系合并为一个因子，角色内行为和援助行为合并为一个因子，加上身份意识，建立三因子结构模型；四因子结构是将角色内行为和援助行为合并为一个因子，加上其他三个因子，建立四因子结构模型；五因子结构是将经济交换、社会交换、身份意识、援助行为和角色内行为五个变量建立结构模型。这样就得到五个结构模型，如表7-15所示。

表7-15 因子结构测量模型的拟合指标比较

模型	χ^2	df	χ^2/df	GFI	NFI	CFI	RMSEA
五因子模型	2285.579	692	3.303	0.741	0.827	0.873	0.081
四因子模型	3562.875	698	5.104	0.597	0.731	0.771	0.109
三因子模型	3874.393	699	5.543	0.562	0.707	0.746	0.114
双因子模型	6110.015	701	8.716	0.389	0.539	0.567	0.149
单因子模型	7513.606	702	10.703		0.433	0.455	0.167

运用AMOS18.0进行测量模型的分析，得到五个模型的拟合指标。从测量模型的各项拟合指标来看，五因子结构都优于其他数量的因子结构，因此本书采用五个潜变量的测量模型。并在此基础上比较变量之间的相关系数和AVE平方根的方法检验潜变量的区分效度。

表7-16 构念的区分效度检验

	1	2	3	4	5	平均值	标准方差
1.经济交换	(0.946)					3.0913	1.36669
2.社会交换	−0.802**	(0.949)				3.9126	1.15290
3.身份意识	0.192**	−0.162**	(0.943)			4.31	1.115
4.援助行为	−0.603**	0.582**	−0.139**	(0.970)		4.14	1.101
5.角色内行为	0.099	−0.139**	0.266**	0.080	(0.942)	4.90	0.733

注：**P<0.01。

五个变量的区分效度检验数据如表 7-16 所示。表中显示了各变量之间的相关系数，其中对角线括号内的数值为表达潜变量各测量条目聚合程度的 AVE 平方根。将相关系数与同列的括号内 AVE 平方根比较，发现潜变量与其他变量相关系数都小于该潜变量测量条目的聚合程度（AVE 平方根），因此得出结论——各潜变量测量具有很好的区分效度。

六、内容效度检验

内容效度的含义是测量工具涵盖它所要测量的构念的所有层面。决定一个测量工具是否具有内容效度，多半是依靠研究者的判断。实际研究的时候，研究者必须考虑两件事情：第一件是测量工具是否真正地测量到他/她所想要测量的构念；第二件是测量工具是否涵盖了所要测量构念的各个层面（荣泰生，2009）。

本书所做工作确保了测量工具具有较高的内容效度。研究对相关构念进行了充分的文献回顾，对不同量表进行了对比分析，最终采用的量表大多是较为成熟的量表，在以往的实证研究中具有较好的信度和效度。同时，本书进行了小样本预测试，广泛听取管理学专家和调查对象的意见和建议，最终确定了本书的调查问卷。

第四节　假设检验

本书假设检验包括方差分析、中介检验和调节变量检验等方法。

其中不同身份员工的经济交换关系、社会交换关系、组织公民行为和角色内行为差异采用方差分析方法；客观身份对组织公民行为影响机制的分析采用中介作用检验方法；主观身份意识对不同身份员工的经济交换关系、社会交换关系和组织公民行为的影响采用调节作用检验。

一、方差分析

不同身份员工的经济交换关系、社会交换关系、组织公民行为和角色内行为差异采用方差分析方法。如果不同身份员工的态度和行为存在显著差异，那么客观身份对员工态度和行为影响的主效应就可能存在，才有继续深入研究的可能性。反之，身份对员工态度和行为影响研究就可能另觅其他途径进行分析。

方差分析根据样本的统计数，推断总体平均数之间是否存在显著差异，基本原理是计算两个数值（平均数）之间的差异，如果差异大于统计上的随机差异，便可以获得显著的结果。本书的方差分析结果表明，不同身份员工的经济交换、社会交换和组织公民行为存在显著差异，而角色内行为没有显著差异，如表7-17、表7-18所示。

表7-17 方差分析表

		平方和	自由度	平均平方和	F检验	显著性
经济交换关系	组间	14.491	1	14.491	7.912	0.005
	组内	635.520	347	1.831		
	总和	650.011	348			
社会交换关系	组间	13.988	1	13.988	10.821	0.001
	组内	448.565	347	1.293		
	总和	462.553	348			
组织公民行为	组间	73.318	1	73.318	72.990	0.000
	组内	348.558	347	1.004		
	总和	421.875	348			
角色内行为	组间	0.769	1	0.769	1.433	0.232
	组内	186.049	347	0.536		
	总和	186.817	348			

表7-18 均值标准差对比表

		均值	标准差	最小值	最大值
经济交换关系	无编制	3.45	1.418	1.38	5.62
	有编制	2.97	1.332	1.12	5.62
社会交换关系	无编制	3.56	1.169	1.62	5.62
	有编制	4.03	1.127	1.00	5.62
组织公民行为	无编制	3.34	1.258	1.14	6.00
	有编制	4.40	0.904	1.14	6.00
角色内行为	无编制	4.99	0.682	3.29	6.00
	有编制	4.88	0.748	1.71	6.00

具体来说，正式员工与临时工的经济交换关系均值对比的F值为7.912，显著性 $p = 0.005 < 0.01$，表明两组员工的经济交换关系均值有显著差异，同时正式员工和非正式员工的经济交换关系均值分别是2.97和3.45，表明正式员工相比于非正式员工，经济交换关系显著更低。因此假设1得到验证。

正式员工与临时工的社会交换关系均值对比的F值为10.821，显著性 $p = 0.001 < 0.01$，表明两组员工的社会交换关系均值有显著差异，同时正式员工和非正式员工的社会交换关系均值分别是4.03和3.56，表明正式员工相比于非正式员工，社会交换关系显著更高。因此假设2得到验证。

正式员工与临时工的组织公民行为均值对比的F值为72.990，显著性 $p = 0.000 < 0.001$，表明两组员工的组织公民行为均值有显著差异，同时正式员工和非正式员工的均值分别是4.40和3.34，表明正式员工相比于非正式员工，组织公民行为显著高。因此假设3得到验证。

正式员工与临时工的角色内行为均值对比的F值为1.433，显著性 $p = 0.232 > 0.05$，表明两组员工的角色内行为均值没有显著差异，均值分别是4.88和4.99。因此假设4得到验证。

二、中介作用检验

客观身份对援助行为影响过程的分析采用中介作用检验方法。中介作用的概念中有两层关系：首先变量 X 影响变量 Y，其次中间变量 M 是这个关系的媒介，变量 X 先影响中间变量 M 再影响变量 Y，那么中间变量 M 就是变量 X 和变量 Y 的中介作用。从数据上检验中介作用的方法正是通过验证这三个影响关系来实现的：自变量影响因变量；自变量影响中介变量；控制中介变量后，自变量对因变量的影响消失或者明显变小（Baron 和 Kenny，1986）。由于研究有两个中介变量，因此本文采用结构方程的方法进行检验。

第一步，将客观身份和援助行为放入模型。如果两者的关系模型不显著，那么因果关系不存在，下面的步骤就不用进行。如果客观身份和援助行为之间因果关系存在，即关系模型显著，那么进一步研究可以继续。模型拟合指标的结果为：$\chi^2/df = 2.249 < 3$，NFI > 0.95，CFI > 0.95，RMSEA < 0.1，表明模型拟合度非常好，接受客观身份和援助行为两个变量因果关系的假设（Steiger，1990）。两者的路径系数为 0.426，如表 7-19、表 7-20 所示。

表 7-19 拟合指标比较

模型	因子	χ^2	df	NFI	RFI	TLI	CFI	RMSEA
零模型	所有因子相互独立	2438.668	28					
基础模型	两因子	44.981	20	0.982	0.974	0.985	0.990	0.060

表 7-20 第一步模型路径系数显著程度

				未标准化系数	标准误	临界值	p 值
援助行为	←		身份	1.080	0.130	8.326	***
援助行为条目 1	←		援助行为	1.000			
援助行为条目 2	←		援助行为	1.029	0.041	24.896	***

续表

			未标准化系数	标准误	临界值	p 值
援助行为条目 3	←	援助行为	1.004	0.042	24.084	***
援助行为条目 4	←	援助行为	1.027	0.041	25.193	***
援助行为条目 5	←	援助行为	0.973	0.045	21.416	***
援助行为条目 6	←	援助行为	0.966	0.042	23.040	***
援助行为条目 7	←	援助行为	0.872	0.046	18.991	***

注：* $p<0.05$，** $p<0.01$，*** $p<0.001$。

第二步，将两个变量经济交换关系和社会交换关系放入模型中，作为客观身份和援助行为的中间变量进行检验。如果放入中间变量的因果关系模型可以接受，说明自变量通过中间变量影响因变量的路径存在，可以进行第三步的验证。模型拟合指标为：$\chi^2/df = 5.036$，接近常用的 5.0 的上限；$RMSEA = 0.108$，接近 0.1 好的拟合标准；$NFI = 0.853$，$TLI = 0.864$，$CFI = 0.878$，这些相对指数都接近 0.9 的常用可以接受的准则。[①] 这些数据结果（见表 7-21）表明，将中间变量放入的模型拟合可以宽容接受。从未标准化系数来看，客观身份和社会交换关系、援助行为的关系是显著正向关系，客观身份与经济交换关系之间是显著负向的关系，如表 7-22 所示。

表 7-21 拟合指数表

模型	因子	χ^2	df	NFI	TLI	CFI	RMSEA
零模型	所有因子相互独立	8475.497	276				
基础模型	四因子	1249.027	248	0.853	0.864	0.878	0.108

表 7-22 第二步模型路径系数显著程度表

			未标准化系数	标准误	临界值	p 值
经济交换关系	←	身份	−0.559	0.161	−3.480	***
社会交换关系	←	身份	0.479	0.144	3.333	***
援助行为	←	身份	0.784	0.106	7.403	***
援助行为	←	经济交换关系	−0.343	0.038	−8.943	***
援助行为	←	社会交换关系	0.223	0.041	5.441	***

注：* $p<0.05$，** $p<0.01$，*** $p<0.001$。

---

① 侯杰泰. 结构方程模型及其应用 [M]. 北京：教育科学出版社，2008.

第三步,比较第一步和第二步两个模型中客观身份对结果变量援助行为的路径系数,如果加入中间变量后的路径系数为零或者显著减少,则中间变量为中介变量的假设成立。结果发现客观身份对结果变量援助行为的路径系数从第一个模型的 0.426 显著减少为第二个模型的 0.331。同时,从路径系数的方向看出,身份到经济交换关系的路径系数为负向 (−0.189),身份到社会交换关系的路径系数为正向 (0.182),如表 7−23 所示。因此得出结论:经济交换关系和社会交换关系对客观身份影响援助行为起到部分中介作用,其中经济交换关系为负向中介,社会交换关系为正向中介。因此假设 5 和假设 6 得到部分验证。

表 7−23 两个模型路径系数

	第一个模型	第二个模型		
	援助行为	社会交换关系	经济交换关系	援助行为
身份	0.426	0.182	−0.189	0.331
社会交换关系				0.247
经济交换关系				−0.429

三、调节作用检验

调节作用采用层级回归进行检验。进行检验之前要构造乘积项,将中心化处理后的自变量和调节变量相乘即可,因为自变量和调节变量往往和它们的乘积项高度相关,标准化处理就是为了减少回归方程中变量之间的多重共显性问题 (Aiken 和 West,1991)。层级回归检验的步骤分为三步:第一步放入控制变量,第二步放入主效应变量与调节变量,第三步放入乘积项。

调节效应的检验采取两种方法:①检验层级回归分析的第二步回归方程和第三步回归方程的复相关系数 R^2 是否有显著区别,若显著不同，则说明调节效应存在；②在第三步即最后一步层级回归方程中乘积项的偏相关系数是否显著，若显著不等于 0，则说明调节效应存在，如表 7-24、表 7-25 所示。

表 7-24 检验身份意识在身份和经济交换中调节作用的层级回归模型指数

模型	R	R^2	调整后的 R^2	估计的标准误	变更的统计量				
					R^2 改变量	F 改变	分子自由度	分母自由度	F 改变显著性
1	0.359	0.129	0.100	1.29628	0.129	4.530	11	337	0.000
2	0.375	0.140	0.110	1.28958	0.012	4.507	1	336	0.034
3	0.395	0.156	0.121	1.28157	0.016	3.107	2	334	0.046

表 7-25 检验身份意识调节身份和经济交换关系的相关系数

	模型 1	模型 2	模型 3
控制变量：			
岗位	0.350	0.243	0.241
性别	0.079	0.059	0.059
年龄	−0.106	−0.094	−0.094
受教育程度	−0.284	−0.261	−0.262
工作年限	−0.055	−0.067	−0.068
自变量：			
身份		−0.351*	−0.644
身份意识		0.155*	0.104*
交互作用：			
身份意识*身份			0.139*

注：* $p<0.05$，** $p<0.01$，*** $p<0.001$；因变量=经济交换关系。

身份意识调节身份与经济交换关系的效应显著。层级回归结果表明，放入乘积项后的 R^2 改变量为 0.016，显著性水平 0.046 < 0.05；乘积项的标准化系数为 0.139，显著性水平 < 0.05，表明调节效应显著。因而身份意识在客观身份和经济交换中具有调节作用假设得到验证，即身份意识越强，正式员工身份的员工经济交换感知越低；非正式员工身份对员工组织经济交换感知越强。这对于调动非正式员工的积极性是很不利的。

为了更加清楚地说明调节作用的模式，下一个重要步骤就是分组回归并作图，直观地表示调节作用的影响。当调节变量是连续变量的时候，一般来说可以通过调节变量的集中量数如均值等进行分组，分别检验回归方程的斜率。本书采用调节变量身份意识的均值（4.31）进行分组，将高于4.31和低于4.31的两组分别回归，观察自变量和因变量关系的变化，如图7-1所示。

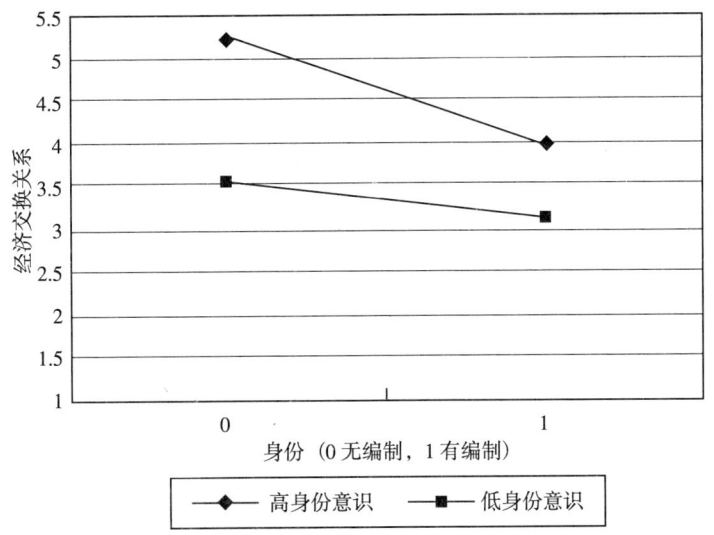

图7-1　身份意识对客观身份和经济交换关系的调节作用

由图7-1可见，身份意识高的员工，客观身份与经济交换关系的斜率更加陡峭，即经济交换关系对编制问题更加敏感。具体来说，身份意识较低的人，没有编制相对于有编制，其与组织的经济交换关系虽然也高，但是差距较小。身份意识高的人，没有编制相对于有编制，其与组织的经济交换关系不仅高，而且差距更加明显。

身份意识调节身份与社会交换关系的效应不显著。层级回归结果表明，放入乘积项后的 R^2 改变量为 0.006，显著性水平 0.130>0.05；乘积项的标准化系数为 0.179，显著性水平>0.05，表明身份意识的调节效应不显著，如表7-26、表7-27所示。因而身份意识在客观身份和社会交换中起到调节作用假设没有得到验证。

表 7-26 检验身份意识在身份和社会交换中调节作用的层级回归模型指数

模型	R	R²	调整后的 R²	估计的标准误	变更的统计量				
					R² 改变量	F 改变	分子自由度	分母自由度	F 改变显著性
1	0.288	0.083	0.053	1.12176	0.083	2.781	11	337	0.002
2	0.337	0.114	0.082	1.10464	0.030	11.527	1	336	0.001
3	0.346	0.120	0.086	1.10251	0.006	2.300	1	335	0.130

表 7-27 检验身份意识在身份和社会交换中调节作用的系数

	模型 1	模型 2	模型 3
控制变量:			
岗位	−0.147	−0.006	−0.008
性别	0.126	0.151	0.150
年龄	0.017	0.007	0.008
受教育程度	0.203	0.180	0.179
工作年限	0.092	0.107	0.106
自变量:			
身份		0.489**	0.112
身份意识		−0.115*	−0.181
交互作用:			
身份意识*身份			0.179

注：* $p<0.05$，** $p<0.01$，*** $p<0.001$；因变量=社会交换关系。

身份意识对身份与援助行为关系的调节效应显著。层级回归结果表明，放入乘积项后的 R^2 改变量为 0.035，显著性水平 0.000<0.001；乘积项的标准化系数为 0.189，显著性水平<0.001，表明调节效应显著，如表 7-28、表 7-29 所示。因而身份意识在客观身份和经济交换中起到调节作用的假设得到验证，即身份意识越强，正式员工的援助行为表现越多；非正式员工的援助行为表现越少。这个结论对于调动非正式员工的积极性也是很不利的。

为了更加清楚地说明调节作用的模式，下一个重要步骤仍然将分组回归并且作图，直观地表示身份意识对客观身份和援助行为关系的调节作用，如图 7-2 所示。

表 7-28 检验身份意识在身份和援助行为中调节作用的层级回归模型指数

模型	R	R^2	调整后的 R^2	估计的标准误	变更的统计量				
					R^2 改变量	F 改变	分子自由度	分母自由度	F 改变显著性
1	0.300	0.090	0.060	1.067	0.090	3.033	11	337	0.001
2	0.500	0.250	0.221	0.972	0.160	35.732	2	335	0.000
3	0.534	0.285	0.255	0.950	0.035	16.426	1	334	0.000

表 7-29 检验身份意识在身份和援助行为中调节作用的系数

	模型 1	模型 2	模型 3
控制变量:			
岗位	−0.245	0.052	0.040
性别	−0.221	−0.174	−0.176
年龄	0.033	0.021	0.025
受教育程度	0.099	0.065	0.058
工作年限	−0.016	0.016	0.009
自变量:			
身份		0.418***	0.404
身份意识		−0.076	−0.082***
交互作用:			
身份意识 * 身份			0.189***

注: * p<0.05, ** p<0.01, *** p<0.001; 因变量=援助行为。

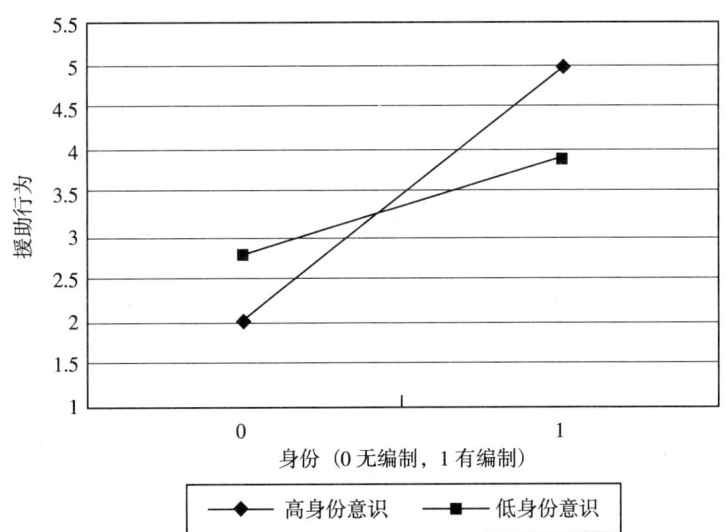

图 7-2 身份意识对客观身份和援助行为的调节作用直观图

由图 7-2 可见，身份意识高的员工，客观身份与援助行为关系的斜率更加陡峭，即援助行为对编制问题更加敏感。具体来说，身份意识较低的人，没有编制相对于有编制，其在组织的援助行为虽然也多，但是差距较小。身份意识高的人，没有编制相对于有编制，其在组织的援助行为不仅多，而且差距更加明显。

第五节 假设检验结果汇总和分析

一、检验结果汇总

本书假设共分为三大类假设：第一类是员工的工作表现假设；第二类是员工交换关系感知对客观身份影响工作行为的中介假设；第三类是员工身份意识对身份影响工作表现的调节作用假设。总体来说，本书的假设基本得到验证。假设的实证检验结果如表 7-30 所示。

表 7-30 假设汇总与检验结果

第一类假设	"双轨制"员工的身份对工作表现影响的假设	假设1：正式员工与临时工相比，经济交换关系感知更低	支持
		假设2：正式员工与临时工相比，社会交换关系感知较高	支持
		假设3：正式员工与临时工相比，组织公民行为较多	支持
		假设4：正式员工与临时工相比，角色内行为更好	不支持
第二类假设	员工交换关系感知对客观身份影响工作行为的中介假设	假设5：经济交换关系感知对"双轨制"员工的身份和组织公民行为之间的关系起到中介作用	部分支持
		假设6：社会交换关系感知对"双轨制"员工的身份和组织公民行为之间的关系起到中介作用	部分支持

续表

第三类假设	员工身份意识对身份影响工作表现调节作用的假设	假设7：身份意识调节"双轨制"员工的身份对经济交换关系的影响。具体来说，身份意识越强，那么正式员工身份的员工组织经济交换感知越低，非正式员工经济交换感知越强	支持
		假设8：身份意识调节"双轨制"员工的身份对社会交换关系的影响。具体来说，身份意识越强，那么正式员工身份的员工组织社会交换感知越高，非正式员工社会交换感知越低	不支持
		假设9：身份意识调节"双轨制"员工的身份对组织公民行为的影响。具体来说，身份意识越强，那么正式员工的组织公民行为越高，非正式员工的组织公民行为越低	支持

第一类假设包括四个假设。其中，假设1得到数据支持，即正式员工与临时工相比，经济交换关系感知更低；假设2得到数据支持，即正式员工与临时工相比，社会交换关系感知较高；假设3得到数据支持，即正式员工与临时工相比，组织公民行为较多；没有得到验证的是假设4，即正式员工与临时工相比，角色内行为没有显著更好。

第二类假设包括两个假设，都得到了部分验证。假设5得到数据部分支持，即经济交换关系感知对"双轨制"员工的身份和组织公民行为之间的关系起到部分中介作用。假设6得到数据部分支持，即社会交换关系感知对"双轨制"员工的身份和组织公民行为之间的关系起到部分中介作用。

第三类假设包括三个假设。其中，假设7得到数据支持，身份意识调节"双轨制"员工的身份对经济交换关系的影响。具体来说，身份意识越强，那么正式员工身份的员工组织经济交换感知越低，非正式员工经济交换感知越强。假设9得到数据支持，身份意识调节"双轨制"员工的身份对组织公民行为的影响。具体来说，身份意识越强，那么正式员工的组织公民行为越高，非正式员工的组织公民行为越低。没有得到验证的是假设8，即身份意识调节"双轨制"员工的身份对社会交换关系的影响的作用不显著。具体来说，身份意识越强，那么正式员工身份的员工组织社会交换感知没有显著提高，非正式员工社会交换感知没有显著降低。

二、检验结果分析

三类假设中都有未得到数据支持的观点,需要进一步地分析原因。检验结果显示,有两个假设未得到数据支持,两个假设只得到部分支持。

假设4未得到验证,即不同身份员工的角色内行为不存在显著差异。角色内行为受到工作态度、工作设计和工作培训的影响。可能因为高校教职工的正式员工和临时工岗位在工作设计和培训政策方面没有太大区别导致。再加上根据角色内行为的界定,常常是明确的职责规定,并为此可以从企业中得到相对明确的利益回报。所以,对于临时工和正式员工而言,虽然两者的工作身份不同,但是在角色内行为方面,两类员工与企业之间形成的明确职责与明确利益之间的联系基本一致。所以临时工与正式员工完成工作职责明确规定的角色内行为是作为从企业中得到明确利益回报的反应,是没有明显差别的。类似的结论也曾出现过,如在Porter(1995)的研究中,该研究以护士作为研究对象,结果发现临时工和正式员工在自我报告的组织承诺、工作数量、沟通质量以及照顾病人的质量上不存在显著的差异。

假设8未得到验证,即主观身份意识调节客观身份与社会交换之间关系的作用不显著。Shore et al.(2006)认为,社会和经济交换有四个主要特征来进行描述,信任、投资、任期和交换性质,社会交换关系表示高水平的信任、广泛投资、注重长期关系和交换的社会情感方面。高校由于其教育行业特点,提倡以人为本,提倡促进人的全面发展(张文忠、宗伯君,2010),高校教职工在接受培训、着眼长远发展和获得长远回报等方面预期较高。因此,可能不论身份意识高低,员工感知的社会交换关系普遍较高。换句话说,身份意识调节不同身份员工身份和社会关系感知的作用不显著。

假设5得到部分支持,即经济交换关系感知对"双轨制"员工的身份和组织公民行为之间的关系起到部分中介作用。经济交换关系感知的部分中介作用,意味着经济交换关系感知只能部分解释身份影响组织公民行为背后的原因,表明身份与组织公民行为关系的背后还有其他变量的影响。因此,深入揭示身份影响员工工作行为还需要开展更多的研究工作。

假设6得到部分支持,即社会交换关系感知对"双轨制"员工的身份和组织公民行为之间的关系起到部分中介的作用。部分中介作用意味着社会交换关系感知只能部分解释身份影响组织公民行为背后的原因,表明身份与组织公民行为关系的背后还有其他变量的影响。因此,深入揭示身份影响员工工作行为还需要开展更多的研究工作。

第八章 结论与展望

本书基本完成了从确定主题,然后根据研究主题进行理论回顾,再到提出理论模型,最后根据这一模型进行研究设计,以此验证模型的过程。从理论上的思考,到实证性的检验,我们得出了一系列结论。但由于自身知识面的局限性以及研究条件的限制,本书存在着一定的局限性。

第一节 研究结论

与假设分类相对应,研究得出三大类结论:①不同身份员工工作态度和行为存在差异;②不同身份员工的行为差异受其工作态度影响;③主观身份意识一定程度上影响其工作态度和行为。

一、"双轨制"员工身份对工作表现存在影响

不同的雇佣关系模式中,会引起员工不同的心理反应,表现在工

作态度和行为上存在差异（徐淑英等，1997）。这是因为雇佣关系模式带来客观身份的差异，影响员工与组织的交换性质，如社会性交换和经济性交换。Blau（1964）认为，社会性交换会带来责任、感激和信任等情感，而单纯的经济交换缺乏此类作用。本书以经济交换和社会交换关系描述员工工作态度，以组织公民行为和角色内行为描述员工工作行为。

不同身份员工经济交换的假设得到验证，即正式员工和临时工的经济交换关系存在差异。从均值上分析，正式员工的经济交换关系为2.97，临时工为3.45，正式员工经济交换关系显著低于临时工。这个结论与正式员工和临时工与组织的雇佣关系模式有密切关系。临时工相对于正式员工，组织的雇佣关系是短期和有明确期限的，工作任务明确，获得的报酬明确，双方的交换关系范围狭窄，以经济和物质的交换为主。临时工从组织中得到的收益相对较少，不像正式员工那样可以从组织那里得到常规化和长期性的回报，如晋升、稳定的工作安排和长期雇佣等。员工感知的交换关系，是从心理上对雇佣关系的认识，因此也是临时性的交换关系，主要以经济交换关系为主，涉及长远投资的较少。临时雇佣中，组织和员工由于契约期短，相互信任度较低，组织对员工的长期培训和职业发展的投入较少，所以交换关系包含的社会情感因素少。社会交换理论和互惠准则均表明，临时工和正式员工从组织中得到了不同的刺激与动因（Rousseau，1997；Sherer，1996），因而临时工与组织之间相比正式员工与组织之间拥有更少的积极交换关系。

不同身份员工的社会交换的假设得到验证，即正式员工和非正式员工的社会交换关系存在差异，从均值上分析，正式员工社会交换关系得分为4.03，非正式员工得分为3.56，表明正式员工社会交换关系显著高于非正式员工。相对于非正式员工，正式员工与组织的雇佣关系是长期和没有明确期限的,组织对员工的要求总体来说并不明确,除了对工作任务的要求,还要求正式员工站在组织的立场考虑和行事,将自身发展和组织利益结合在一起。组织对员工的投入范围宽广,除了必要的技能培训,还对员工的职业生涯发展进行考虑。按照回馈原则,正式员工更容易也更需要与企业形成心理依恋,发展没有明确利益规定的社会交换关系(Shore、Tetrick、Lynch和Barksdale,2006)。正式员工相比非正式员工,对组织工作态度是忠诚和积极的;工作行为方面,除了工作任务尽力之外,工作职责之外对组织有利的事情也会积极参与。因此,正式员工感知到的和组织之间的社会交换关系比非正式员工更高。

不同身份员工的组织公民行为的假设得到验证,即正式员工和非正式员工的组织公民行为存在差异。从均值(分值越高,表明该种行为越多)来分析,正式员工组织公民行为得分为4.4,非正式员工得分为3.3,因此得出结论:正式员工比非正式员工的组织公民行为显著高。组织公民行为是没有被组织明确规定,也不受正式的奖励体系的鼓励。临时工从组织得到的都是正式合约上明确规定的经济和物质结果。根据社会交换理论的观点,合乎逻辑的推理是临时工所付出的也将是合约上明确规定付出的行为,员工较少表现出组织公民行为。正式员工与组织的交换关系更为广泛,不仅仅是经济交换,还有广泛的社会情感因素。组织对正式员工的培训和职业发展投资更为长期,基于更加信任的关系。作为回报,正式员工在做好本职工作以外,能够更多考虑组织的整体利益和长远发展,更乐于帮助其他同事的工作,更愿意参与组织活动来提升整体绩效。当组织给予非标准雇佣员工更少的诱因(相对于标准雇佣员工),他们就会通过减少组织公民行为来回应。相关研究支持了这个结论(Konovsky,1994)。社会交换关系对组织公民行为是有益的,当组织在经济交换之外给予更好的社会情感交换的时候，他们的工作行为就可能会做得比合约的要求更好，比如会帮助其他员工和帮助组织。反之，如果组织把他们当作临时和边缘的员工来对待，他们就可能减少组织公民行为来获得平衡。但是对于标准员工来说，组织公民行为可能与态度没有关系，因为他们可能已经把组织公民行为当作职责的一部分（Van Dyne 等，1998）。

不同身份员工的角色内行为的假设得到验证。具体来说，正式员工和非正式员工的角色内行为没有差异。这可能是因为临时工的正式合同有清晰明了的工作任务和相应的报酬，因此他们关注的重点是工作任务的执行和报酬的获取，对于那些界定清楚的角色内行为，临时工的完成情况一定会满足合同约定的要求，否则他们就得不到想要的报酬。对于正式员工而言，员工与企业的合同是宽泛的，员工既要关注自己的主要工作，又要关心组织的整体利益，员工对于组织事务的参与是广泛而深刻的，对于自己主要工作的完成也会满足自身和组织的要求。员工的行为可以被看作为对于其基于工作身份所得到的明确和不明确的利益的一种反应（Van Dyne 等，1998）。根据角色内行为的界定，常常是明确的职责规定，并为此可以从企业中得到相对明确的利益回报。所以，对于临时工和正式员工而言，虽然两者的工作身份不同，但是在角色内行为方面，两类员工与企业之间形成的明确职责与明确利益之间的联系是基于一致的。所以临时工与正式员工完成工作职责明确规定的角色内行为是从企业中得到明确利益回报的反应，是没有明显差别的。

二、"双轨制"员工身份通过工作态度影响工作行为

本书研究了不同身份员工的行为聚焦于组织公民行为，意图揭示客观身份影响组织公民行为的中间过程。从员工组织交换关系的角度，

不同客观身份导致不同的交换关系性质，因而极有可能是影响组织公民行为的重要预测变量。

员工组织经济交换关系对身份影响组织公民行为的中介作用得到部分验证。从路径系数来看，没有放入交换关系之前，身份影响组织公民行为的系数为0.426，放入中介变量后，身份影响组织公民行为的系数显著变小，说明了经济交换关系的部分中介作用。此外，身份到经济交换关系的路径系数为-0.189，经济交换关系到组织公民行为的路径系数为-0.429，说明经济交换关系为身份影响组织公民行为的负向中介。员工对交换关系的感知从雇员的角度进行测量，关注员工和组织之间交换关系的性质。我们认为，员工的经济交换程度不同，交换过程对员工的行为有独特的影响。临时雇佣关系中，员工只有有限的投资和关心，组织关注目前的和平等的交易，显然是短期的和经济型的交换。因为雇员得到的只是短期的投资和仅限于工作相关的责任要求，员工没有动力为组织作出更大贡献。员工可能仅仅实施分配给他们的任务，表现出很少的承诺和OCB。而正式员工可以期待更为广泛和长期的投资方式，短期和明确的经济交换可能相对较弱，受长期交换关系的影响，表现出更多的组织公民行为。

员工组织社会交换关系对身份影响组织公民行为的中介作用得到部分验证。从路径系数来看，放入交换关系之后，身份影响组织公民行为的系数为0.331，即中介变量使得身份影响组织公民行为的系数显著变小，说明了社会交换关系的部分中介作用。此外，身份到社会交换关系的路径系数为0.182，社会交换关系到组织公民行为的路径系数为0.247，说明社会交换关系为身份影响组织公民行为的正向中介。交换过程对员工的行为有独特的影响，因而社会交换关系对身份影响组织公民行为的中介作用容易理解。长期雇佣相对于短期雇佣，雇员可以期待更为广泛的投资方式，这些方式有的雇主通过明确的书面雇佣合同（如利润分享计划或者雇佣期限）或者含蓄地通过人力资源实践如培训和职业发展来实现。员工可能将雇主的投资雇佣方式解释为社会交换关系，因为这种方式标志着组织对雇员的信任和长期投资。雇主对雇员的广泛的期望，为员工提供了对组织目标的广泛理解。雇主对雇员慷慨的投资激发了员工自我激励和超越自我利益的动机。与回馈原则一致（Gouldner，1960；Wu等，2006），员工响应社会交换关系感知，强化与组织的社会情感联系，体现在提升情感承诺、提高任务绩效和更多的OCB等方面。与其相对比，当临时工感觉组织对待他们只是短期的、临时的或者是可有可无的时候，员工感知到较少的社会交换关系，他们回报的反应可能就是：仅仅完成工作职责规定的基本要求，并且最小化组织公民行为（Van Dyne等，1998）。

三、"双轨制"员工身份影响工作表现的强度受到身份意识的调节

身份意识是对身份认可和确定的程度，是身份在心理层面的反映。身份意识对个人心理和行为的影响深远，如使得社会交往秩序井然，社会结构稳定可靠。员工的身份意识越强，身份规则对组织运行和个人在组织中的心理和行为影响也就越深刻，即身份意识调节员工与组织的雇佣形式对员工组织交换关系的影响。

身份意识调节身份与员工与组织的经济交换关系的作用得到验证。具体来说，身份意识越强，则正式员工的经济交换关系感知越低，非正式员工的经济交换感知越强。从数据来看，未考虑身份意识的交互作用时，客观身份影响经济交换关系的 β 系数为-0.115，但放入身份意识的交换作用时，客观身份影响经济交换关系的系数显著变化为-0.346，表明了调节作用的存在。同时还表明，该调节作用同方向增强作用，即身份意识越强，正式员工的经济交换关系感知越低，非正式员工的

经济交换感知越强。这表明身份意识的作用有积极的一面,也有消极的一面。积极的一面表现在,身份意识强烈的员工,更加愿意遵守身份带来的秩序和规则。消极的作用体现在,由于不同雇佣关系身份附有人们看重的特殊生存和发展资源,所以人们对身份的重视和追求超过了对市场规则和法律制度的重视和遵循。这是因为,我国身份规则有以下显著特征:①人与人的先后次序远近亲疏关系由身份规则来确定,并且据此确定办事的顺序;②人受尊重的程度取决于身份及其资源;③身份规则高于其他社会规范甚至法律制度;④雇佣关系是一种人身依附关系而不是契约关系。这些身份规则对于市场规则下建立契约关系是有阻碍作用的,一旦没有得到正式身份,人们的心理失落感就会非常强烈,可能成为矛盾和对立的缘起,从而对工作相关态度和行为产生负面影响。

身份意识调节身份与员工与组织的社会交换关系的作用没有得到验证。但是从数据来看,未考虑身份意识的交互作用时,客观身份影响社会交换关系的β系数为0.186,但放入身份意识的交换作用时,客观身份影响社会交换关系的系数显著变化为0.338,表明该调节作用虽然不明显,但是仍然存在一定程度的同方向增强作用,即身份意识越强,正式员工的社会交换关系感知越强,非正式员工的社会交换感知越低。

身份意识调节身份与员工的组织公民行为关系的作用得到验证。具体来说,身份意识越强,那么正式员工的组织公民行为越高,非正式员工的组织公民行为越低。从数据来看,未考虑身份意识的交互作用时,客观身份影响组织公民行为的β系数为0.418,但放入身份意识的交换作用时,客观身份影响组织公民行为的系数变化为-0.341(不显著),表明该调节的反方向作用,即身份意识越强,正式员工的组织公民行为越低。

第二节　理论贡献和实践启示

一、理论贡献

本书以"双轨制"员工个体作为研究层面,以雇佣关系概念、社会交换理论和身份理论为视角,探讨"双轨制"员工身份对工作表现的影响,揭示"双轨制"员工身份对工作态度和行为的影响结果,考察身份影响工作表现的过程和条件。本书的理论贡献主要从四个方面进行阐述。

第一,本书从个体层次考察身份对员工工作表现的影响,丰富了传统的宏观层次的理论研究。理论贡献的一种方法是"竞争",指的是针对已有的理论视角,提出新的理论视角,与原来的理论作出不同的解释(陈晓萍,2008)。本书从员工个体层次出发,深入探讨"双轨制"员工的身份差异对工作态度和行为的影响,有别于现有用工双轨制从国家就业机制和组织层次的研究(姚先国,1992;蔡昉,1998;于潇,2004;陶厚永等,2009),弥补了传统的宏观层面"双轨制"身份的影响研究,从身份对工作绩效的影响作出了更为可靠的解释。

第二,本书借鉴社会学理论的身份理论的相关概念和思想,运用社会学理论解释雇佣身份影响个体工作态度和行为的现象,以繁衍方法深化组织行为和人力资源领域的理论分析。"繁衍"是从其他领域理论中借鉴某个思想,将其应用到新领域的现象分析中。运用繁衍方法

第八章　结论与展望

建立理论的时候,可能对原来的理论没有进行大的改变,但是借鉴这个思想却能够很好地解释现象(陈晓萍等,2008)。已有研究运用个体心理学中的态度对员工雇佣身份和行为的关系进行解释,但是尚未有研究将"身份意识"这个社会学中的概念作为探讨个体工作表现的形成条件。本书借鉴社会学理论中的身份意识相关思想,运用社会学身份理论分析身份、个体工作态度和行为的现象,考察身份意识在身份影响个体工作表现中的调节作用,用以解释身份影响个体工作态度和行为的条件。

第三,本书对西方学术界出现的"交换关系"质量模型进行中国本土化情境的研究,深化研究了"双轨制"员工身份影响员工表现的机制。"深化"是指研究者在已有理论基础上增加一些新的构念,使得原来的理论更有解释力和预测性。深化的方法通常是增加调节变量和中介变量,前者是解释原来理论在不同条件下的演变,后者是解释原来理论中变量关系的发生过程(陈晓萍,2008)。本书在运用西方学者2006年提出的"经济交换关系"和"社会交换关系"的构念基础上,借鉴西方学者开发的测量量表,在中国情境下进行本土化研究,以考察"经济交换关系"和"社会交换关系"在中国背景下的适用性和有效性,深刻揭示了"双轨制"员工身份影响工作表现的内在过程。

第四,本书整合雇佣关系概念、社会交换理论和身份理论,构建了"双轨制"员工身份、身份意识、经济交换关系、社会交换关系和组织公民行为的关系模型。"整合"是指在两个或者两个以上的理论基础上构建一个新的理论模型,通过这个模型可以解释更多的现象(陈晓萍等,2008)。本书将雇佣关系、身份意识和交换关系等纳入分析框架,考察身份意识和交换关系对身份影响组织公民行为的作用,为充分理解身份影响工作表现提供多个分析视角。

二、实践启示

"双轨制"雇佣形式的广泛使用,在为企业带来成本下降和管理弹性的同时,随之而来有很多负面结果:非标准雇佣员工的不满态度和行为通过产品和服务质量反映出来,损害了企业的市场形象,对企业的生存和发展带来不利影响。因此,了解"双轨制"雇佣对员工工作态度和行为的影响,采取相应的人力资源实践对其进行改善具有重要意义。

"双轨制"员工的工作态度和行为差异对管理的实践启示。本书首次从员工个体的角度,揭示企业"双轨制"员工的身份差异对员工工作态度和行为的影响,研究"双轨制"员工的身份差异影响员工绩效的机制。结果显示"双轨制"员工的工作态度和行为存在差异。具体来说,非正式员工相对于正式员工,经济交换关系更高,社会交换关系更低,组织公民行为更低,其中交换关系是员工身份和组织公民行为关系的中介。在非正式员工使用越来越普及的今天,非正式员工的高经济交换、低社会交换的工作态度和组织公民行为(组织绩效考核体系之外的行为)显然对组织管理是不利的,一方面影响组织整体绩效,另一方面可能引起员工组织关系的矛盾和对立。因此,组织管理者需要研究员工的人力资本差异,对于核心员工和其他类型员工实行分类管理,与核心员工建立更为长期的雇佣关系,甚至是永久雇佣,使得核心员工感知到更高的社会交换关系和更低的经济交换关系,表现出更多的组织公民行为,在控制人力成本的前提下获得更大的人力资本收益。

身份意识强化客观身份影响的启示。在一个身份意识非常强烈的国家,身份意识差异可能对"双轨制"员工的心理带来更为深刻的影响，从而极大影响员工的工作态度和行为。因此，我国需要研究"双轨制"逐步合轨的合理性和可能性，逐步消除身份等级和特权带来的不利影响，将员工和组织关系过渡到完全由市场经济规律公平调节的阶段，弱化传统身份意识对组织管理的不利影响。

第三节 研究局限与展望

一、研究局限

研究在理论模型建构和实证方法选择上，力求做到科学和严谨，虽然取得一些令人鼓舞的结论，但是由于各种条件限制，研究仍然存在诸多不足，主要有以下几个方面的研究局限。

第一，本书采用横截面数据进行分析。横截面数据的统计只能提供事后的回溯，不能真正进行因果关系的推断；得出的结论本质上是变量之间的相关关系，而不是严格意义上的因果关系。客观身份对员工工作态度和行为的影响，在一定程度上存在时间上的滞后影响。此外，中介和调节作用的影响也同样可能存在时间上的滞后。因此，更为严谨的因果关系需要通过纵向研究进行分析。但是纵向研究一般需要多年的连续观察数据，在样本收集上有较大困难，这是本书的不足之处。未来更好的研究应该考虑纵向数据，或者精细考虑更为妥当的时间因素对数据进行控制。

第二，研究采用了自我报告的方式进行变量测量。本书除了自变量（客观身份）无须量表测量，结果变量、中介和调节变量都是通过员工自我报告的量表进行测量，这样同源方差问题不可避免。以后研究中，除了经济交换关系感知、社会交换关系感知和身份意识等变量通过自我报告测量，结果变量如角色内行为和组织公民行为可以通过员工的上级或者同事报告的方式进行测量，这样数据的不同来源可以避免同源方差。

第三，身份意识的测量量表还有待完善。身份意识的内容和结构受文化影响很大，中国情境下的身份意识目前还缺乏普遍接受的量表。本书所用量表虽然同为国有单位背景下产生的量表，但是在应用的时候发现很多条目并不适用，因而进行了删减。身份意识量表在本次研究中，虽然信度和效度都得到了很好的验证，但还有待于在更大的范围进行应用并完善。

第四，样本分布局限性明显。正式调查的时候，由于需要控制组织文化和组织人力资源管理实践等变量，将样本集中在一所江苏高校。虽然有效问卷总体数量达到了统计分析的要求，但是本书研究可能不能代表中国的总体状况，因此本书结论的普适性，还需要通过进一步扩大样本进行分析和验证。

二、研究展望

（一）理论模型设计方面

本书意图了解身份对员工工作表现的影响，揭开身份影响员工工作表现的内在原因和影响条件。但是，由于研究的篇幅限制，本书以员工角色内行为和组织公民行为作为员工工作表现的变量，以经济和社会交换关系感知作为内在原因，以身份意识为影响条件进行研究。因此研究结论可能以偏概全。在理论模型设计方面，应选择更多变量进

第八章 结论与展望

行进一步研究,以全面了解身份影响工作表现的方面和内在原因。

(1) 结果变量的选择。本书选择角色内行为和组织公民行为作为结果变量,验证结果表明,高校样本中不同身份员工的组织公民行为存在显著差异,而角色内行为不存在显著差异。根据进一步的分析,角色内行为还受到工作态度、工作设计和工作培训的影响(Connelly 等,2004)。高校教职工的正式员工和临时工岗位在工作设计和培训政策方面,没有太大区别。再加上根据角色内行为的界定,常常是明确的职责规定,并为此可以从企业中得到相对明确的利益回报。所以,对于临时工和正式员工而言,虽然两者的工作身份不同,但是在角色内行为方面,两类员工与企业之间形成的明确职责与明确利益之间的联系基本一致。所以临时工与正式员工完成工作职责明确规定的角色内行为是作为从企业中得到明确利益回报的反应,是没有明显差别的。类似的结论也曾出现过,如在Porter(1995)的研究中,该研究以护士作为研究对象,结果发现临时工和正式员工在自我报告的组织承诺、工作数量、沟通质量以及照顾病人的质量上不存在显著的差异。因此,在结果变量的选择上,需要选择更适合样本特点的变量,这是进一步研究需要深入考虑的问题。

(2) 中介变量的选择。中介变量解释不同身份影响员工工作表现的背后原因,本书中介变量选择的是经济和社会交换关系感知。中介作用检验结果表明,经济交换关系和社会交换关系是影响其组织公民行为的部分中介。交换关系感知的部分中介作用,意味着交换关系感知只能部分解释身份影响组织公民行为背后的原因,表明身份与组织公民行为关系的背后还有其他变量的影响。因此,深入揭示身份影响员工工作行为还需要开展更多的研究工作。

(3) 调节变量的选择。调节变量解释身份影响工作表现的条件,本书选择身份意识为调节变量。调节作用的检验结果表明,身份意识调节客观身份与社会交换的关系不显著，假设没有得到验证。进一步分析样本数据的特点后发现，高校由于其教育行业特点，提倡以人为本，提倡促进人的全面发展（张文忠、宗伯君，2010），高校教职工在接受培训、着眼长远发展和获得长远回报等方面预期较高。而Shore等（2006）认为，社会和经济交换用四个主要特征来进行描述，信任、投资、任期和交换性质，社会交换关系表示高水平的信任、广泛投资、注重长期关系和交换的社会情感方面。因此，可能不管身份意识高低，高校教职员工感知的社会交换关系普遍较高。换句话说，在高校身份意识调节不同身份员工身份和社会关系感知的作用不显著。因此，以后开展的研究工作中，可能需要考虑更多条件变量的影响，以便深入揭示身份影响员工工作表现在不同条件下的变化情况。

（二）实证研究方法方面

未来研究需要在实证研究方法方面进行更加精密的考虑，克服本书的局限性，采用纵向设计、不同来源报告和扩大研究样本的分布等措施。

首先，采用纵向研究设计。更为严谨的因果关系需要通过纵向研究进行分析，研究上可以收集多年的连续观察数据进行，以便更为有效地分析严谨的因果关系，探讨中介机制等背后的原因。其次，采用不同来源报告的方式进行变量测量。今后研究中，结果变量如组织公民行为等，可以通过员工的上级或者同事报告的方式进行测量，通过不同来源数据的采集，可以有效避免同源方差。最后，扩大研究样本的分布。未来研究需要进一步扩大样本范围，在全国各地国有单位进一步收集数据，以期能够代表中国的总体状况，使得研究结论具有更大的普适性。同时，扩大样本分布，也能使得身份意识的量表在更大的范围进行应用并完善，从而得到普遍接受的中国情境下身份意识的测量量表。

附录：调查问卷

尊敬的先生/女士：

您好！

本调查旨在研究我国转型期人力资源的现状。该研究由南京大学商学院赵曙明教授主持。我们真诚地希望得到您的大力支持。

请回答第一、二部分的所有问题，遗漏问题将导致问卷无效。

请将您的真实看法告诉我们。该研究不针对任何个人和组织，所有问题的回答没有对错之分。问卷实行匿名填写，我们将对您的个人信息严格保密，请您不必有任何顾虑。填写大约需要10~15分钟。

谢谢您的合作！

第一部分　问题调查

请仔细阅读题项，在"您的意见"栏相应数字［1］［2］［3］［4］［5］［6］上打钩，［1］非常不同意；［2］不同意；［3］有些不同意；［4］有些同意；［5］同意；［6］非常同意。

题 项	您的意见
1.我与单位的关系完全是经济关系,我为单位工作,单位付我工资	[1][2][3][4][5][6]
2.我不在乎从长远看单位能为我做什么,我只在乎现在它能为我做什么	[1][2][3][4][5][6]
3.当我认为单位会为我付出更多时,我才想要为单位奉献得更多	[1][2][3][4][5][6]
4.我十分在乎的是,单位给予的回报与我的贡献相对应	[1][2][3][4][5][6]
5.我对单位的全部期望是:我的工作努力得到应有报酬	[1][2][3][4][5][6]
6.最能准确描述我工作情况的话是:我一天的工作对得起这一天的工资	[1][2][3][4][5][6]
7.我与单位的关系是不牵涉个人感情的——我在工作中很少投入感情	[1][2][3][4][5][6]
8.我按照单位的要求工作,仅仅因为单位给我开工资	[1][2][3][4][5][6]
9.单位已经付出很多来栽培我	[1][2][3][4][5][6]
10.目前我工作上的付出将有益于我在单位中的长远发展	[1][2][3][4][5][6]
11.在我与单位的关系中,有很多相互体谅和相互让步的时候	[1][2][3][4][5][6]
12.我担心我为单位付出的努力得不到回报	[1][2][3][4][5][6]
13.我不介意现在努力工作,因为我知道单位最终会回报我	[1][2][3][4][5][6]
14.我与单位的关系基于相互信任	[1][2][3][4][5][6]
15.我尽力寻求单位利益最大化,因为我可以依靠单位来照顾我	[1][2][3][4][5][6]
16.虽然我不一定总能从单位那里得到应有的表彰,但我知道我的努力终有回报	[1][2][3][4][5][6]
17.一般来说,一个人向领导打招呼的态度,与一般同事是不一样的	[1][2][3][4][5][6]
18.在社会生活中,宁可得罪君子,也不能得罪小人	[1][2][3][4][5][6]
19.同样是处长,在单位的地位是不一样的	[1][2][3][4][5][6]
20.他/她爸爸是大领导,小领导对他/她另眼看待是正常的	[1][2][3][4][5][6]
21.在卡拉OK时,我们都夸奖我们头儿唱歌好听(即使并不好听)	[1][2][3][4][5][6]
22.我认为,人们都有巴结领导的行为倾向	[1][2][3][4][5][6]
23.我认为,当一个处长比当一个大学教师要好多了	[1][2][3][4][5][6]
24.在社会上生活,有一定的社会地位非常重要	[1][2][3][4][5][6]
25.我真希望把我的子女培养成一个有高社会地位的人	[1][2][3][4][5][6]
26.我主动自觉地为单位做事情	[1][2][3][4][5][6]
27.我主动地帮助单位中的新员工	[1][2][3][4][5][6]
28.我参与有利于单位的活动	[1][2][3][4][5][6]
29.我为了单位的利益而协助单位的其他人员工作	[1][2][3][4][5][6]
30.我与单位的利益共进退	[1][2][3][4][5][6]
31.我帮助单位其他成员了解工作情况	[1][2][3][4][5][6]
32.我帮助单位其他成员完成他们的工作职责	[1][2][3][4][5][6]
33.我恰当地完成布置的工作任务	[1][2][3][4][5][6]
34.我能履行工作描述中明确指定的责任	[1][2][3][4][5][6]
35.我能完成被期望的任务	[1][2][3][4][5][6]
36.我满足工作要求的行为表现	[1][2][3][4][5][6]
37.参与可直接对我的绩效产生影响的活动	[1][2][3][4][5][6]
38.经常忽视我有义务去做的工作	[1][2][3][4][5][6]
39.我不想承担最基本的工作责任	[1][2][3][4][5][6]

第二部分　个人背景资料

(在相应数字上打钩)

1. 您的工作身份是（具体身份名称根据单位情况调整）：

　　[1] 事业编制　　　　　　[2] 雇员制

　　[3] 其他（请填上相应的名称）：_____

2. 考虑您目前总体的个人情况和经济条件，您更希望选择哪种工作身份（具体身份名称根据单位情况调整）？

　　[1] 事业编制　　　　　　[2] 雇员制

　　[3] 其他（请填上相应的名称）：_____

3. 性别：

　　[1] 男　　　　　　　　　[2] 女

4. 年龄：

　　[1] 20 岁以下　　　　　　[2] 20~30 岁

　　[3] 31~40 岁　　　　　　[4] 41~50 岁

　　[5] 51~55 岁　　　　　　[6] 56~60 岁

5. 婚姻状况：

　　[1] 未婚　　　　　　　　[2] 已婚

6. 子女数：

　　[1] 0 个　　　　　　　　[2] 1 个

　　[3] 2 个　　　　　　　　[4] 3 个

　　[5] 4 个　　　　　　　　[6] 5 个及以上

7. 最高学历：

[1] 高中及以下　　　　　　　　[2] 大专

[3] 本科　　　　　　　　　　　[4] 硕士

[5] 博士

8. 专业技术职称：

[1] 无职称　　　　　　　　　　[2] 初级职称

[3] 中级职称　　　　　　　　　[4] 高级职称

9. 月收入（近半年）：

[1] 1000~2000 元　　　　　　　[2] 2001~4000 元

[3] 4001~6000 元　　　　　　　[4] 6001~10000 元

[5] 10001 元以上

10. 在目前单位的工作时间：

[1] 6 个月以下　　　　　　　　[2] 6~12 个月

[3] 1~3 年　　　　　　　　　　[4] 3~5 年

[5] 5~10 年　　　　　　　　　[6] 10 年以上

11. 行政管理职务：

[1] 无管理职务　　　　　　　　[2] 基层管理职务

[3] 中层管理职务　　　　　　　[4] 高层管理职务

12. 工作岗位（具体岗位名称根据单位情况调整）：

[1] 辅导员岗位　　　　　　　　[2] 专业教师岗位

[3] 行政管理

答题至此结束，感谢您的参与！

参考文献

[1] Aiken, L. S., West, S. G. Multiple regression: Testing and interpreting interactions [M]. Newbury Park, CA: Sage, 1991.

[2] Albert, S., Ashforth, B. E., Dutton, J. E. Organizational identity and identification: Charting new waters and building new bridges [J]. Academy of Management Review, 2000 (25): 13-17.

[3] Anderson, James C., Gerbing, David W. Structural equation modeling in practice: A review and recommended two-step approach [J]. Psychological Bulletin, 1988, 103 (3): 411-423.

[4] Ang, S., Slaughter, S. A. Work outcomes and job design for contract versus permanent information systems professionals on software development teams [J]. MIS Quarterly, 2001, 25 (3): 321-350.

[5] Rees, A. M., T.H.Marshall and the Progress of Citizenship [M]. Citizenship Today: The contempor-ary Relevance of T.H.Marshall, edited by Martin Bulmer and Anthony M.Rees, UCL Press, 1996.

[6] Aronsson, G., Gustafsson, K., Dallner, M. Work environment and health in different types of temporary jobs [J]. European Journal of Work and Organizational Psychology, 2002, 11 (2): 151-175.

[7] Bagozzi, R. P., Yi, Y. On the evaluation of structural equation models [J]. Journal of Academy of Marketing Science, 1988, 16（1）: 74-94.

[8] Bardasi, E., Francesconi, M.The impact of atypical employment on individual well-being: evidence from a panel of British workers [J]. Social Science and Medicine, 2004 (58): 1671-1688.

[9] Baron, R.M. and Kenny, D.A.The moderator-mediator variable distinction in social psychological research: Conceptual, strategic, and statistical considerations [J]. Journal of Personality and Social Psychology, 1986 (51): 1173-1182.

[10] Belsley.Conditioning diagnostics: Collinearity and weak data in regression [M]. New York: John Wiley, 1991.

[11] Bergman, M. E. August. Psychological and objective contingency as predictors of work attitudes and behavior [N]. Paper presented at the Academy of Management Meeting, Denver, Colorado, 2002.

[12] Bernesak, A. and Kinnear, D.Workers' willingness to accept contingent employment [J]. Journal of Economic Issues, 1999 (33): 461-469.

[13] Blau, P. M. Exchange and power in social life [M]. New York: Wiley, 1964.

[14] Brewer, Marilynn B., Chen, Ya-Ru. Where (Who) are collectives in collectivism? toward conceptual clarification of individualism and collectivism [J]. Psychological Review, 2007, 114(1): 133-151.

[15] Brislin, R.W. Translation and content analysis of oral and written material [J]. In H.C.Triandis and Berry, J.W. (eds.), Handbook of Cross-cultural Psychology. Boston: Allyn & Bacon, 1980 (1): 389-

444.

[16] Byrne, B.M. Structural equation modeling with EQS and EQS/Windows [R]. Newbury Park, CA: Sage, 1994.

[17] Campbell, I. and Burgess, J. Casual employment in Australia and temporary employment in Europe: developing a cross-national comparison [J]. Work, Employment and Society, 2001 (15): 171–184.

[18] Campbell, I. Casual work and casualisation: how does Australia compare [J]. Labour and Industry, December, 2004 (1): 7–14.

[19] Carnoy, M., Castells, M., Brenner C. Labor markets and employment practices in the age of flexibility: a case study of Silicon Valley [J]. International Labour Review, 1997, 136 (1): 27–48.

[20] Chambel, M. J., Castanheira, F. Different temporary work status, different behaviors in organization [J]. Journal of Business and Psychology, 2006 (20): 351–367.

[21] Connelly, C. E., Gallagher, D. G., Gilley, M. K. April. Predictors of "organizational" commitment among intermediated temporary workers [J]. Society for Industrial and Organizational Psychology 18th Annual Conference, Orlando, 2003 (1): 7–14.

[22] Connelly, C. E., Gallagher, D. G. Emerging trends in contingent work research [J]. Journal of Management, 2004 (30): 959–983.

[23] Córdova, E. From full-time wage employment to atypical employment: a major shift in the evolution of labour relations [J]. International Labour Review, 1986, 125 (6): 641–657.

[24] Cotterell, N., Eisenberger, R., Speicher, H. Inhibiting effects of reciprocation wariness on interpersonal relationships [J]. Journal of

Personality and Social Psychology, 1992 (62): 658-668.

[25] Coyle-Shapiro, J. A.-M. & Conway, N. The Employment relationship through the lens of social exchange [J]. In J. Coyle-Shapiro, L. M. Shore, S. Taylor, & L. E. Tetrick (Eds.), The employment relationship: Examining psychological and contextual perspectives. Oxford, UK: Oxford University Press, 2004 (1): 5-28.

[26] Cuyper, D. N., Jong, J. D., Witte, D. H., Isaksson, K., Rigotti, T. and Schalk, R.Literature review of theory and research on the psychological impact of temporary employment: Towards a conceptual model [J]. International Journal of Management Reviews, 2007, 9 (4): 1-27.

[27] De Witte, H. and Näswall, K. Objective versus subjective job insecurity: consequences of temporary work for job satisfaction and organizational commitment in four European countries [J]. Economic and Industrial Democracy, 2003, 24 (2): 149-188.

[28] DiNatale, M. Characteristics of and preference for alternative work arrangements [J]. Monthly Labor Review, 2001, 124 (3): 28-49.

[29] Dunham, R.B., Grube, J.A. Organizational Commitment: The utility of an integrative definition [J]. Journal of Applied Psychology, 1994 (79): 370-380.

[30] Eisenberger, R., Cotterell, N. & Marvel, J. Reciprocation ideology [J]. Journal of Personality and Social Psychology, 1987 (53): 743-750.

[31] Eisenberger, R., Huntington, R., Hutchison, S. & Sowa, D. Perceived organizational support [J]. Journal of Applied Psychology, 1986 (71): 500-507.

[32] Ellingson, J. E., Gruys, M. L., Sackett, P. R. Factors related to the satisfaction and performance of temporary employees [J]. Journal of Applied Psychology, 1998 (83): 913-921.

[33] Eisenberger, R., Fasolo, P., Davis-LaMastro, V. Perceived organizational support and employee diligence, commitment, and innovation [J]. Journal of Applied Psychology, 1990 (75): 51-59.

[34] Emerson, R. Social exchange theory. In M. Rosenberg & R. Turner (Eds.), Social psychology: Sociological perspectives [M]. New York: Basic Books, 1981 (1): 30-65.

[35] Farh, J. L., Earley, P. C. & Lin, S. Impetus for action: A cultural analysis of justice and organizational citizenship behavior in Chinese Society [J]. Administrative Science Quarterly, 1997 (42): 421-444.

[36] Farh, J. L., Hackett, R. D., Liang, J. Individual-level cultural values as moderators of perceived organizational support-employee outcome relationships in China: Comparing the effects of power distance and traditionality [J]. Academy of Management Journal, 2007, 50 (3): 715-729.

[37] Feldman, D. C. Reconceptualizing the nature and consequences of part-time work [J]. Academy of Management Review, 1990 (15): 103-112.

[38] Feldman, D. C., Doerpinghaus, H. I., Turnley, W. H. Employee reactions to temporary jobs [J]. Journal of Managerial Issues, 1995 (7): 127-141.

[39] Ferber, M., Waldfogel, J. The long-term consequences of nontraditional employment [J]. Monthly Labor Review, 1998, 121 (5):

3-12.

[40] Foa, U. G., Foa, E. B. Resource theory of social exchange [M]. Morristown, NJ: General Learning Press, 1975.

[41] Fornell, Claes & David F. Larcker. Evaluating Structural Equation Models with Unobservable Variables and Measurement Error [J]. Journal of marketing Research, 1981, 18 (2): 39-50.

[42] Galais, N. and Moser, K.Organizational commitment and the well-being of temporary agency workers: A longitudinal study [J]. Human Relations, 2009, 62 (4): 589-620.

[43] Gallagher, D. G. and Parks, M. J. I pledge thee my troth … contingently: commitment and the contingent work relationship [J]. Human Resource Management Review, 2001 (11): 181-208.

[44] Gouldner, H. P. Dimensions of organizational commitment [J]. Administrative Science Quarterly, 1960 (4): 468-490.

[45] Grant, R. M. The resource-based theory of competitive advantage [J]. California Management Review, 1991, 33 (3): 114-135.

[46] Guest, D. Flexible employment contracts, the psychological contract and employee outcomes: an analysis and review of the evidence [J]. International Journal of Management Reviews, 2004, 5 (1): 1-19.

[47] Hanratty, T. The impact of numerical flexibility on training for quality in the Irish manufacturing sector [J]. Journal of European Industrial Training, 2000 (24): 505-512.

[48] Hardy, D. J. and Walker, R. J. Temporary but not seeking permanence: a study of New Zealand temps [J]. Leadership and Organization Development Journal, 2003, 24 (3): 141-152.

[49] Hodson, R. The Active Worker: Compliance and Autonomy at

the Workplace [J]. Journal of Contemporary Ethnography, 1991, 20 (1): 47-78.

[50] Hofstede, G. Culture's consequences: International differences in work-related values [M]. Newbury Park, CA: Sage, 1980.

[51] Hofstede, G. 1991. Cultures and organizations, software of the mind: Intercultural cooperation and its importance for survival [M]. New York: McGraw-Hill.

[52] Hom, P. W., Tsui, A. S., Wu, J. B., Lee, T. W., Zhang, A. Y., Fu, P. P. & Li, L. Explaining employment relationships with social exchange and job embeddedness [J]. Journal of Applied Psychology, 2009, 94 (2): 277-297.

[53] Houseman, S. N.Part-time employment in Europe and Japan [J]. Journal of Labor Research, 1995, 16 (3): 249-262.

[54] Isaksson, K. and Bellaagh, K. Health problems and quitting among female "temps" [J]. European Journal of Work and Organizational Psychology, 2002, 11 (1): 27-45.

[55] Jong, J. D. and Schalk, R. Extrinsic Motives as Moderators in the Relationship Between Fairness and Work-Related Outcomes Among Temporary Workers [J]. Journal of Business and Psychology, 2010 (25): 175-189.

[56] Kalleberg, A.Nonstandard employment relations: part-time, temporary and contract work [J]. Annual Review of Sociology, 2000 (26): 341-365.

[57] Kalleberg, A. L., Reskin, B. F. and Hudson, K. Bad jobs in America: standard and nonstandard employment relations and job quality in the United States [J]. American Sociological Review, 2000 (65):

256-278.

[58] Kamdar, D., McAllister, D. J. & Turban, D. B. All in a day's work: How follower individual differences and justice perceptions predict OCB role definitions and behavior [J]. Journal of Applied Psychology, 2006, 91 (4): 841-855.

[59] Kidder, D. On call or answering a calling: Temporary nurses and extra –role behaviors [N]. Paper presented at the Academy of Management Meeting, Vancouver, 1995.

[60] Kochan, T. A., Smith, M., Wells, J. C. and Rebitzer, J. B. Human resource strategies and contingent workers: The case of safety and health in the petrochemical industry [J]. Human Resource Management, 1994 (33): 55-77.

[61] Konovsky, M. A. & Pugh, S. D. Citizenship behavior and social exchange [J]. Academy of Management Journal, 1994 (37): 656-669.

[62] Krausz, M., Brandwein, T. and Fox, S. Work attitudes and emotional responses of permanent, voluntary, and involuntary temporary– help employees: an exploratory study [J]. Applied Psychology: An International Review, 1995, 44 (3): 217-232.

[63] Lapalme, M È, Stamper, C., Simard, G. and Tremblay, M. Bringing the outside in: Can "external" workers experience insider status [J]. Journal of Organizational Behavior, 2009 (30): 919-940.

[64] Levesque, L. & Rousseau, D. M. Loose connections or met expectations? Socialization and obligations to part–time faculty [N]. Paper presented at the Academy of Management Meeting, Chicago, 1999-08-01.

[65] Liden, R. C., Wayne, S. J., Kraimer, M. L. and Sparrowe,

R. T. The dual commitments of contingent workers: An examination of contingents' commitment to the agency and the organization [J]. Journal of Organizational Behavior, 2003 (24): 609-625.

[66] Liukkonen, V., Virtanen, P., Kivimäki, M., Pentii, J. and Vahtera, J. Social capital in working life and the health of employees [J]. Social Science and Medicine, 2004 (59): 2447-2458.

[67] Loi, R., Mao, Yina, and Ngo, Hang-yue. Linking Leader-Member Exchange and Employee Work Outcomes: The Mediating Role of Organizational Social and Economic Exchange [J]. Management and Organization Review, 2009, 5 (3): 401-422.

[68] Marler, J. H., Barringer, M. W. and Milkovich, G. T. Boundaryless and traditional contingent employees: worlds apart [J]. Journal of Organizational Behaviour, 2002 (23): 425-453.

[69] Marshall, T.H. A Note on 'Status'. Sociology at the Crossroads and Other Essays [M]. London: Heinemann, 1963.

[70] Marshall, T.H. The Nature and Determinants of Social Status. Sociology at the Crossroads and Other Essays [M]. London: Heinemann, 1963.

[71] McClurg, L. Organizational commitment in the temporary-help service industry [J]. Journal of Applied Management Studies, 1999 (8): 5-26.

[72] McDonald, D. J. and Makin, P. J. The psychological contract, organizational commitment and job satisfaction of temporary staff [J]. Leadership and Organizational Development Journal, 2000 (21): 84-91.

[73] Meyer, J. P. & Allen, N. J. In J. Barling & K. Kelloway (Eds.), Commitment in the workplace: Theory, research and application

[M]. Thousand Oaks, CA: Sage, 1997.

[74] Meyer, J.P., Allen, N.J. A three-component conceptualization of organizational commitment [J]. Human Resource Management Review, 1991 (1): 64-98.

[75] Molm, L. D. Theoretical comparisons of forms of exchange [J]. Sociological Theory, 2003, 21 (1): 1-17.

[76] Moorman, R. H., Blakely, G. L. & Niehoff, B. P. Does perceived organizational support mediate the relationship between procedural justice and organizational citizenship behavior [J]. Academy of Management Journal, 1998 (41): 351-357.

[77] Moorman, R.H. and Harland, L. Temporary employees as good citizens: factors influencing their OCB performance [J]. Journal of Business and Psychology, 2002 (17): 171-187.

[78] Morrow, P.C., McElroy, J. C. On assessing measures of work commitment [J]. Journal of Occupational Behavior, 1986, 7 (1): 139-145.

[79] Mowday, R. T., Porter, L. W. & Steers, R. M. Employee-organization linkages: The psychology of commitment, absenteeism, and turnover [M]. New York: Academic Press, 1982.

[80] Natti, J., Kinnunen, U., Makikangas, A. and Mauno, S. Type of employment relationship and mortality: prospective study among Finnish employees in 1984-2000 [J]. European Journal of Public Health, 2009, 19 (2): 150-156.

[81] Nollen, S. D. & Axel, H. Managing contingent workers: How to reap the benefits and reduce the risks [M]. New York: AMACOM, 1996.

[82] Organ, D. W. Organizational citizenship behavior: The good

soldier syndrome [M]. Lexington, MA: Lexington Books, 1988.

[83] Organ, D. W. & Ryan, K. A meta-analytic review of attitudinal and dispositional predictors of organizational citizenship behavior [J]. Personnel Psychology, 1995 (48): 775-802.

[84] Pearce, J. L.Toward an organizational behavior of contract laborers: their psychological involvement and effects on employee co-workers [J]. Academy of Management Journal, 1993 (36): 1082-1096.

[85] Podsakoff, P. M. Aheane, M. & MacKenzie, S. B. Organizational citizenship behavior and the quantity and quality of work group performance [J]. Journal of Applied Psychology, 1997 (82): 262-270.

[86] Podsakoff, P. M. & MacKenzie, S. B. Organizational citizenship behavior and sales unit effectiveness [J]. Journal of Marketing Research, 1994 (31): 351-363.

[87] Podsakoff, P. M., MacKenzie S. B., Lee J. Y. et al. Common method biases in behavioral research: A critical Review of the literature and recommended remedies [J]. Journal of Applied Psychology, 2003 (88): 879-903.

[88] Polivka, A. E. and Nardone, T. On the definition of contingent work [J]. Monthly Labour Review, 1989, 112 (12): 9-16.

[89] Polivka, A. E. Into contingent and alternative employment: by choice [J]. Monthly Labor Review, 1996 (10): 55-74.

[90] Postmes, T. & Jetten, J. Reconciling individuality and the group. In T. Postmes & J. Jetten (Eds.), Individuality and the group: Advances in social identity [R]. London: Sage, 2006.

[91] Prahalad, C. K. and Hamel, G. The Core Competences of the Corporation [J]. Harvard Business Review, 1990 (3): 79-91.

[92] Rhoades, L. & Eisenberger, R. Perceived organizational support: A review of the literature [J]. Journal of Applied Psychology, 2002 (87): 698-714.

[93] Rousseau, D. M. Psychological and implied contracts in organizations [J]. Employee Responsibilities and Rights Journal, 1989, 2 (2): 121-139.

[94] Rousseau, D. M. New hire perceptions of their own and their employer's obligations: A study of psychological contracts [J]. Journal of Organizational Behavior, 1990 (11): 389-400.

[95] Rousseau, D.M. Psychological Contracts in Organizations. Understanding Written and Unwritten Agreements [R]. Thousand Oaks, CA: Sage, 1995.

[96] Rousseau, D. M. & Libuser, C. Contingent workers in high risk environments [J]. California Management Review, 1997 (39): 103-123.

[97] Rousseau, D. & Tijoriwala, S. Assessing psychological contracts: Issues, alternatives and measures [J]. Journal of Organizational Behavior, 1998 (19): 679-696.

[98] Sherer, P. D. Toward an understanding of the variety in work arrangements: The organization and labor relationships framework [J]. In C. L. Cooper & D. M. Rousseau (Eds.), Trends in organizational behavior. New York: Wiley, 1996 (3): 99-122.

[99] Shore, L. M. & Barksdale, K. Examining degree of balance and level of obligation in the employment relationship: A social exchange approach [J]. Journal of Organizational Behavior, 1998, 19 (7): 731-744.

[100] Shore, L. M., Coyle-Shapiro, J. A-M., Chen, Xiao-Ping and Tetrick, Lois E. Social Exchange in Work Settings: Content, Process, and Mixed Models [J]. Management and Organization Review, 2009, 5 (3): 289-302.

[101] Shore, Lynn M., Jacqueline A-M. Coyle-Shapiro, Xiao-Ping Chen, and Lois E. Tetrick. Social Exchange in Work Settings: Content, Process, and Mixed Models [J]. Management and Organization Review, 2009, 5 (3): 289-302.

[102] Shore, L. M. & Tetrick, L. E. The psychological contract as an explanatory framework in the employment relationship [J]. In C. Cooper & D. Rousseau (Eds.), Trends in organizational behavior, New York: John Wiley & Sons. 1994 (1): 91-109.

[103] Shore, L. M., Tetrick, L. E., Lynch, P. & Barksdale, K. Social and economic exchange: Construct development and validation [J]. Journal of Applied Social Psychology, 2006, 36 (4): 837-867.

[104] Shore, L. M., Tetrick, L. E., Taylor, M. S., Coyle-Shapiro, J. A., Liden, R. C., Parks, J. M., Morrison, E. W., Porter, L. W., Robinson, S. L., Roehling, M. V., Rousseau, D. M., Schalk, R., Tsui, A. S. & Van Dyne, L. The employee-organization relationship: A timely concept in a period of transition [R]. In J. J. Martocchio (Ed.), Research in personnel and human resources management, Oxford: Elsevier, 2004.

[105] Stamper, C.L. and Masterson, S.S. Insider or outsider? How employee perceptions of insider status affect their work behaviour [J]. Journal of Organizational Behaviour, 2002 (23): 875-894.

[106] Stamper, C. L. & Van Dyne, L. Work status and

organizational citizenship behavior: A field study of restaurant employees [J]. Journal of Organizational Behavior, 2001 (22): 517–536.

[107] Steiger, J. H. Structure model evaluation and modification: An interval estimation approach [J]. Multivariate Behavioral Research, 1990 (25): 173–180.

[108] Song, L. J., Tsui, A. S. & Law, K. S. Unpacking employee responses to organizational exchange mechanisms: The role of social and economic exchange perceptions [J]. Journal of Management, 2009, 35 (1): 56–93.

[109] Tabachnick, B. G. & Fidell, L. S. Using multivariate statistics (5th ed.) [M]. Boston: Allyn and Bacon, 2007.

[110] Taber, T.D., Alliger G. M. A task–level assessment of job satisfaction [J]. Journal of Organizational Behavior, 1995, 16 (2): 101–121.

[111] Quinlan, M., Mayhew, C. and Bohle, P. The global expansion of precarious employment, work disorganization and consequences for occupational health: placing the debate in a comparative historical context [J]. International Journal of Health Services, 2001 (31): 507–536.

[112] Tansky, J. W., Gallagher, D. G. & Wetzel, K. W. The changing nature of the employment contract: The impact of part–time workers on the health care industry [N]. Paper presented at the annual meeting of the Academy of Management, Vancouver, 1995.

[113] Triandis, H. C. Individualism & collectivism [M]. Boulder, CO: Westview, 1995.

[114] Tsui, A. S., Pearce, J. L., Porter, L. W. & Tripoli, A. M. Alternative approaches to employee –organization relationships: Does

investment in employees pay off [J]. Academy of Management Journal, 1997 (40): 1089-1121.

[115] Tsui, A. S., Wang, D. W. & Zhang, Y. Employment relationships with Chinese middle managers: Exploring differences between state-owned and non-state-owned firmsr [M]. In A. S. Tsui & C. M. Lau (Eds.), The management of enterprises in the People's Republic of China. Boston, MA: Kluwer Academic Publishers, 2002.

[116] Tsui, A. S., Wang, H. & Xin, K. R. Organizational culture in China: An analysis of culture dimensions and culture types [J]. Management and Organization Review, 2006, 2 (3): 345-376.

[117] Tucker, L. R. & Lewis, C. 1973. The reliability coefficient for maximum likelihood factor analysis [J]. Psychometrika, 2006, 38 (1): 1-10.

[118] Turnley, W. H., Bolino, M. C., Lester, S. W. & Bloodgood, J. M. The impact of psychological contract fulfillment on the performance of in-role and organizational citizenship behaviors [J]. Journal of Management, 2003, 29 (2): 187-206.

[119] Uzzi, B. & Barsness, Z. I. Contingent employment in British establishments: Organizational determinants of the use of fixed-term hires and part-time workers [J]. Social Forces, 1998 (76): 967-1007.

[120] Van Dyne, L., Graham, J. W. & Dienesch, R. M. Organizational citizenship behavior: Construct redefinition, operationalization, and validation [J]. Academy of Management Journal, 1994 (37): 765-802.

[121] Van Dyne, Linn & Soon Ang. Organizational Citizenship Behavior of Contingent Workers in Singapore [J]. Academy of Management Journal, 1998, 41 (6): 692-703.

[122] Virtanen, M., Kivimaki, M., Virtanen, P., Elovainio, M. & Vahtera, J. Disparity in occupational training and career planning between contingent and permanent employees [J]. European Journal of Work and Organizational Psychology, 2003 (12): 19-36.

[123] Virtanen, P., Liukkonen, V., Vahtera, J., Kivimäki, M. and Koskenvuo, M. Health inequalities in the workforce: the labour market core-periphery structure [J]. International Journal of Epidemiology, 2003 (32): 1015-1021.

[124] Virtanen, P., Vahtera, J., Kivimäki, M., Pentii, J., And Ferrie, J.Employment security and health [J]. Journal of Epidemiology and Community Health, 2002 (56): 569-574.

[125] Vosko, L. F. Regulating precariousness? The temporary employment relationship under the NAFTA and the EC treaty [J]. Industrial Relations, 1998, 53 (1): 123-153.

[126] Williams, L.J. & Anderson, S.E. Job satisfaction and organizational commitment as predictors of organizational citizenship and in-role behaviors [J]. Journal of Management, 1991, 17 (3): 601-617.

[127] Wu, J. B., Hom, P. W., Tetrick, L. E., Shore, L. M., Jia, L., Li, C. & Song, L. J. The norm of reciprocity: Scale development and validation in the Chinese context [J]. Management and Organization Review, 2006, 2 (3): 377-402.

[128] Wooden, M. How temporary are Australia's casual Jobs [J]. Work, Employment and Society, 2001 (15): 875-883.

[129] Zeytinoǧlu, I. U. and Muteshi, J. K. Gender, race and class dimensions of nonstandard work [J]. Industrial Relations, 2000, 55 (1): 133-167.

[130] Zhang, Z., Wan, D., Jia, M. & Gu, L. Prior ties, shared values and cooperation in publicprivate partnerships [J]. Management and Organization Review, 2009, 5 (3): 353-374.

[131] Zhao, H., Wayne, S. J., Glibkowski, B. C. & Bravo, J. The impact of psychological contract breach on work-related outcomes: A meta-analysis [J]. Personnel Psychology, 2007, 60 (3): 647-680.

[132] 蔡昉. 城市劳动力市场的分割与就业体制转换的难点 [J]. 经济研究参考, 1998 (5): 39-40.

[133] 陈清泰. 贯彻《劳动法》深化企业改革 [J]. 中国机电工业, 1995 (2): 5-6.

[134] 陈潭. 单位身份的松动 [M]. 南京: 南京大学出版社, 2007.

[135] 陈晓平等主编. 组织与管理研究的实证方法 [M]. 北京: 北京大学出版社, 2008.

[136] 佟景宸. 临时工不是"二等公民" [J]. 教育与职业, 1996 (12): 24.

[137] 费孝通. 生育制度 [M]. 天津: 天津人民出版社, 1981.

[138] 费孝通. 乡土中国 [M]. 北京: 北京大学出版社, 1998.

[139] 郭玉锦. 中国身份制及其潜功能研究——一个国企的实证分析 [M]. 哈尔滨: 黑龙江人民出版社, 2002.

[140] 郭志刚, 卿涛. 我国国有企业劳动关系的变革路径分析 [J]. 西南民族大学学报（人文社科版）, 2007 (11): 167-171.

[141] 侯杰泰等. 结构方程模型及其应用 [M]. 北京: 教育科学出版社, 2008.

[142] 梁建, 樊景立. 理论构念的测量 [A]. //陈晓萍等. 组织与管理研究的实证方法 [C]. 北京: 北京大学出版社, 2008.

[143] 刘俐俐. 走近人道精神的民族文学中的文化身份意识［J］. 民族研究, 2002（4）: 47-56.

[144] 刘媛媛, 李博. 校医院临时工非法获取职工医疗保险卡现金构成何罪［J］. 人民检察, 2008（19）: 35-36.

[145] 梅因, 沈景一译. 古代法［M］. 北京: 商务印书馆, 1984.

[146] 钱超英. 身份概念与身份意识［J］. 深圳大学学报（人文社会科学版）, 2000（4）: 89-94.

[147] 邱皓政. 量化研究与统计分析［M］. 重庆: 重庆大学出版社, 2009.

[148] 人力资源和社会保障部事业单位人事管理司. 事业单位人事制度改革回顾与展望［J］. 中国人才, 2011（3）: 27-29.

[149] 荣泰生. AMOS 与研究方法［M］. 重庆: 重庆大学出版社, 2009.

[150] 陶厚永, 刘洪. 何种用工制度更具适应性效率［J］. 中国工业经济, 2009（1）: 118-129.

[151] 王艳芝. 河北省幼儿园工作人员的安全感及相关因素［J］. 中国心理卫生杂志, 2007（6）: 411-414.

[152] 谢茂拾. 企业人力资源制度创新［M］. 北京: 经济管理出版社, 2005.

[153] 徐庆仁. 该不该让临时工上培训班［J］. 中小学管理, 1998（11）: 36.

[154] 徐淑英等. 如何处理员工—组织关系: 对员工的投入能带来回报吗［A］.//徐淑英, 张维迎. 美国管理学会学报［C］. 北京: 北京大学出版社, 1997.

[155] 杨国枢, 陆洛编. 中国人的自我［M］. 重庆: 重庆大学出版社, 2009.

[156] 杨国枢.家族化历程、泛家族主义及组织管理 [A].//郑伯埙等主编.海峡两岸之组织与管理 [C].台北：远流出版事业股份有限公司，1998.

[157] 杨国枢等主编.社会及行为科学研究法 [M].重庆：重庆大学出版社，2006.

[158] 阳毅等.人力资本、岗位特征、工作绩效与科技人员收入差距 [J].科学学与科学技术管理，2010（10）：163-167.

[159] 杨志蓉.团队快速信任、互动行动与团队创造力研究 [D].浙江大学，2006.

[160] 姚先国.劳动力的双轨价格及经济效应 [J].经济研究，1992（4）：74-77.

[161] 姚先国，赖普清.中国劳资关系的城乡户籍差异 [J].经济研究，2004（7）：82-90.

[162] 姚先国，黎煦.劳动力市场分割：一个文献综述 [J].渤海大学学报（哲学社会科学版），2005（1）：78-83.

[163] 于潇.东北地区就业体制转换及其障碍分析 [J].人口学刊，2004（5）：38-41.

[164] 约翰·班森，朱迎.中国制造业企业人力资源管理案例分析 [J].中国工业经济，2000（4）：62-65.

[165] 张文忠，宗伯君.我国高校成人教育的发展趋势与管理体制改革 [J].继续教育研究，2010（3）：24-25.

[166] 张卓元.30年国有企业改革的回顾和展望 [J].企业文明，2008（1）：15-18.

[167] 中国经济周刊.同工不同酬源于用工双轨制 [OL].http://www.sina.com.cn，2008-7-7.

[168] 赵入坤.雇佣劳动与中国近代农业的发展 [J].江海学刊，

2007（5）：171-177.

［169］周翼虎，杨晓明. 中国单位制度［M］. 北京：中国经济出版社，1999.

后 记

本书主要在我的博士论文基础上进行整理、完善和扩展改写，结合相关的研究成果完成的。双轨用工制度作为我在南京大学商学院攻读博士学位的研究方向，主要侧重于人力资源管理和社会学身份理论的结合。我得到了博士生导师刘洪教授的指导，从转型期雇佣关系开展相关研究，在博士阶段积累了一些成果，也提出了很多问题。本书的内容也得到赵曙明教授主持的国家自然科学基金重点项目——转型经济下我国企业人力资源管理若干问题研究（批准号：70732002）的大力支持。该书的出版感谢南京工业大学经济与管理学院的专著出版计划。

感谢我的博士生导师南京大学商学院刘洪教授，刘老师以其广博的学术见识为本书提出了研究方向和路径。感谢南京大学商学院赵曙明教授，赵老师不仅为本研究提供了基金支持，还在研究过程中提出了国际比较的宝贵意见。感谢南京大学商学院彭纪生教授和张正堂教授提出的宝贵意见，为我进一步的专著写作指明了方向。感谢南京大学陈传明教授、贾良定教授和蒋燕老师无私分享他们的知识。

这些年的研究离不开朋友们的关心支持。感谢博士班同学秦伟平和李晋，三年共学给予了我很多学业上的帮助。感谢博士班同学王林和师兄刘善堂，在收集问卷资料过程中的帮助。感谢同门韦慧明和娜仁，在我论文写作过程中给我不断的鼓励和无私的帮助。此外，还要感谢同门白少布、刘雪、王成城、李红、潘金刚和其他师弟师妹们，以及徐燕、吴杲、储庆鑫、戚玉觉和刘颖等。

感谢我的就职单位南京工业大学，正是学校的支持才有了进行科学研究的机会。感谢我的同事陈同扬老师和曹国年老师，他们给了我从事科研最初兴趣的启蒙，特别感谢曹国年老师为我问卷数据的收集提供了宝贵的路径。感谢我的同事马海韵老师、张振宇老师、赵成国老师、童毛弟老师、朱明辉老师和马明辉老师，为我论文数据的收集不辞辛劳出力。感谢我所有的同事们，在忙碌的教学科研之余帮助填写问卷。

感谢我的家人。父母在我读博的四年中，奔波于家乡和南京之间，家乡有事他们回去，只要一有空就来帮我照顾孩子和处理家务。感谢爱人周嵘对我读博的理解和支持，他为了我的学业甘做"家庭妇男"，在我彷徨的时候给予有力的扶持。感谢我的女儿周子星，在她需要妈妈陪伴的时候，只要我说一声："妈妈在学习"，她就自觉走开。

双轨用工制度对员工绩效的影响，相关的研究工作还需要进一步开展，仍存在大量的研究问题需要国内外同行一起探讨。希望本书的出版能够起到抛砖引玉的作用。

孔　锦
2014 年 2 月

图书在版编目（CIP）数据

双轨用工制度对员工绩效的影响：基于江苏高校的实证研究 / 孔锦著. —北京：经济管理出版社，2014.1
ISBN 978-7-5096-2919-2

Ⅰ.①双… Ⅱ.①孔… Ⅲ.①用工制度—影响—高等—学校—人事管理—研究 Ⅳ.①G647.23

中国版本图书馆 CIP 数据核字（2014）第 017102 号

组稿编辑：申桂萍
责任编辑：杨国强
责任印制：黄章平
责任校对：张　青

出版发行：经济管理出版社
　　　　　（北京市海淀区北蜂窝 8 号中雅大厦 11 层　100038）
网　　址：www.E-mp.com.cn
电　　话：(010) 51915602
印　　刷：三河市延风印装厂
经　　销：新华书店
开　　本：720mm×1000mm/16
印　　张：10.5
字　　数：136 千字
版　　次：2014 年 3 月第 1 版　　2014 年 3 月第 1 次印刷
书　　号：ISBN 978-7-5096-2919-2
定　　价：39.00 元

·版权所有　翻印必究·
凡购本社图书，如有印装错误，由本社读者服务部负责调换。
联系地址：北京阜外月坛北小街 2 号
电话：(010) 68022974　　邮编：100836